当代大学生道德情感教育的理论与实践研究

徐娟 ■ 著

RESEARCH ON THE THEORY AND PRACTICE OF
MORAL AND EMOTIONAL EDUCATION OF
CONTEMPORARY COLLEGE STUDENTS

中国社会科学出版社

图书在版编目(CIP)数据

当代大学生道德情感教育的理论与实践研究/徐娟著.—北京:中国社会科学出版社,2023.12
ISBN 978-7-5227-3434-7

Ⅰ.①当… Ⅱ.①徐… Ⅲ.①大学生—品德教育—研究—中国 ②大学生—情感教育—研究—中国 Ⅳ.①G641.6

中国国家版本馆 CIP 数据核字(2024)第 073684 号

出 版 人	赵剑英
责任编辑	宋燕鹏
责任校对	李 硕
责任印制	李寡寡

出　　版	中国社会科学出版社
社　　址	北京鼓楼西大街甲 158 号
邮　　编	100720
网　　址	http://www.csspw.cn
发 行 部	010-84083685
门 市 部	010-84029450
经　　销	新华书店及其他书店
印　　刷	北京明恒达印务有限公司
装　　订	廊坊市广阳区广增装订厂
版　　次	2023 年 12 月第 1 版
印　　次	2023 年 12 月第 1 次印刷
开　　本	710×1000　1/16
印　　张	14
字　　数	201 千字
定　　价	79.00 元

凡购买中国社会科学出版社图书,如有质量问题请与本社营销中心联系调换
电话:010-84083683
版权所有　侵权必究

目 录
CONTENTS

前 言 …………………………………………………… (1)

第一章 绪论 …………………………………………… (1)
 第一节 问题缘起与选题意义 ………………………… (2)
 第二节 本质辨析：大学生道德情感教育的
     论域界定 ……………………………………… (12)
 第三节 国内外相关研究 ……………………………… (25)
 第四节 主体框架与方法运用 ………………………… (38)

第二章 道德情感教育的理论与实践基础 …………… (42)
 第一节 马克思主义人学理论：道德情感教育的
     理论基础 ……………………………………… (42)
 第二节 道德情感教育的实践基础 …………………… (48)

第三章 大学生道德情感教育实证研究
   ——以 S 大学为例 ………………………………… (58)
 第一节 研究设计 ……………………………………… (58)
 第二节 研究结果与分析 ……………………………… (62)

第四章　大学生道德情感问题归因 …………………………（77）
　　第一节　情感与理智的较量：基于历史文化传统的
　　　　　　维度 ………………………………………………（77）
　　第二节　道德相对主义的流行：基于社会现实的
　　　　　　维度 ………………………………………………（83）
　　第三节　唯理智教育的盛行：基于学校教育的维度 ………（92）

第五章　中西视域下的道德情感教育思想及理论 …………（101）
　　第一节　中西视域下的道德情感教育思想 ………………（102）
　　第二节　马克思主义道德情感理论 ………………………（121）

第六章　当代大学生道德情感教育探微 ……………………（129）
　　第一节　大学生道德情感教育的学校德育
　　　　　　路径 ……………………………………………（130）
　　第二节　大学生道德情感教育的自我教育路径 …………（162）

结　语 …………………………………………………………（177）

附　录
　　一　大学生道德情感教育深度访谈半结构式访谈
　　　　提纲（学生）……………………………………（185）
　　二　大学生道德情感教育深度访谈
　　　　半结构式访谈提纲（教师）………………………（186）
　　三　大学生道德情感教育调查问卷 ………………………（187）
　　四　部分访谈资料 …………………………………………（190）

参考文献 ………………………………………………………（200）

前　言

人是整体性生命存在，反映在道德领域，道德认知、道德情感、道德意志、道德行为等共同构成了人的道德品质，其中任何一个部分的生成与发展都依赖于其他部分的相互作用。学校德育唯有基于创设真实情境，使学生体会到并实践知、情、意、行之间的复杂关联，才可能是有效的。特别是作为道德品质核心要素与灵魂的道德情感，它以其强大的激励功能充当着个体全部道德活动的枢纽，提供了道德品行的内在驱动力，理应得到大学教育，尤其是德育的真诚关切，并成为提高德育实效重要而有效的着力点。

然而，在工具理性压倒价值理性成为现代社会的宰制力量之后，"经济动机成为'象牙塔'教育的主题"①，道德教育逐渐落入"现代性困境"之中。在功利主义教育观的驱使之下，我国的大学德育纵使秉持着崇高的目标与理想，面对现实的"催逼利诱"，在一定程度上，还是不得不随波逐流，间或在健全人格、完善心灵和充实精神世界的教育正途上出现偏差。学校德育有意无意地滑向了唯理智主义的道路，而其中看不见、摸不着的道德情感则大多被弃如敝屣，逐渐剥离。于是，由于道德情感日趋迷失与匮乏导致的大学生道德冷漠事件不断滋长、此起彼伏，成为摆在大学德育面前不可回

---

①［美］哈瑞·刘易斯：《失去灵魂的卓越：哈佛是如何忘记教育宗旨的》，侯定凯等译，华东师范大学出版社2012年版，第3页。

避的一个现实问题。

本书从理性角度展开理论辨析，基于马克思主义人学理论的视角，并从后工业时代的特征、社会转型期的需求和大学德育困境三个实践层面进一步分析开展道德情感教育的必要性。为了真实鲜活地展现我国大学生的道德情感及其教育实态，本书选取国内一所普通本科院校（以下简称 S 大学）进行了现象考察，从而管中窥豹，以佐证上述问题的真伪。实证研究表明，当前大学生的道德情感及其教育状况不容乐观。

面对应然与实然之间的矛盾造成的尴尬困境，我们必须正面回应这样一些问题：造成大学生道德情感缺失的根源何在？大学德育在大学生道德情感教育方面如何作为？教育过程中又该怎样处理好道德情感与道德理性（道德认知）、道德意志、道德行为等几者之间的关系？

综观历史与社会时代背景，结合具体的大学教育实践，尤其是摆在大众面前的德育现实，可以得出结论：重理智轻情感的历史文化传统、多元社会现实下道德相对主义的流行，以及唯理智教育的盛行等共同构成了我国大学生道德情感缺失的外部根源。前两者使得人们重理轻情，忽视高尚的道德情感，而唯理智教育在教育观念与方式上的失误又促使人类加速远离道德，使道德在人类内心的地盘越来越小。

为了使道德情感教育更有可控性与操作性，选择学校教育这一突破口不乏是一条相对有效的解题路径。在充分借鉴中外相关教育思想理论的基础上，综合考虑大学生道德情感缺失的外部根源，可以认定：大学教育作为有目的、有计划、有组织地对学生的身心施加系统影响的外部力量，理应责无旁贷地充当培养提升大学生道德情感的主导角色。故而，大学德育亟须开启一场"破冰之旅"，扭转以往的唯理智主义倾向，从教育理念、教育方法、教育师资、教育环境等方面多管齐下，为大学生道德情感的养成和提高提供有利有效的条件与支持，让他们的情感世界在无形中受到陶冶，充分享受情感体验带来的心灵悸动，进而促使他们形成丰富而崇高的道德情感。

道德的基础是人类精神的自律，道德情感的养成必须回归到个体自身，如此才能巩固教育成效，彰显人的主体性，使道德由他律变为自律、由强制变为自由。个体在任何时候都是道德情感教育的主体。因此，除了外部的学校教育，学生个体必须加强道德情感方面的自我教育。具体而言，这一自我教育的体系构架可以由四个逻辑支点组成，即正确认识道德自我、不断增强道德智慧、养成道德反省习惯、投身并体验道德生活。大学生可以通过以上环节进行道德情感方面的反思与修练，让丰富、健康、高尚的道德情感充盈自己的内心，并最终使道德情感的培养由被动养成变为主动和自由地追求！

当然，强调道德情感并不是要消蚀或是完全抹杀道德理性，抑或是道德意志及道德行为的存在与意义，厚此薄彼不是科学辩证的态度。单就情与理这一对矛盾统一体而言，二者并非势不两立，道德情感与道德理性也不是截然对立。学校德育唯有突围创新，努力将道德情感根植于每一位学生的内心，并化为自由、自主、自觉的实际行为，实现道德情感与道德理性、道德意志、道德行为的辩证统一、相融相通，以积极道德认知的提升为基础，以高尚道德情感的培养为关键，以坚定道德意志的锻炼为重点，以良好道德行为的养成为旨归，才能满足个体的整体需要，使学生形成更加合理而富有人性的道德理性、积极稳定而持久的道德情感、坚强笃定而自由的道德信念意志，以及优良规范而自觉的道德行为。到那时，大学生方能由"单面人"变为"和谐人"，大学德育也方能走出困境，找到出路，重新焕发它应有的光芒与魅力！

第一章

绪　论

众所周知，教育的对象是人，教育的目的是培养人。就大学教育而言，从其产生之日算起，至今已有一千多年的发展历史。因此，"教育为何""大学为何"本不应成为问题。然而，教育的物化在当前社会中逐渐凸显，遗忘人的教育趋势迫使人们对大学和教育失去了以往的那份崇敬与信心：唯科学主义的迷失与现代性发展理念模式的新神话使得教育功利主义和实用主义不断泛滥，人被无情地工具化。美国学者戴维·斯特利一语中的："当下的大学危机是目的的危机。"① 德育作为大学素质教育的核心与灵魂，也日益带上了功利主义和绝对主义的色彩。德育无奈、无能、低效甚至失效通常被视为大学教育之顽症，并广受诟病，德育陷入重重困境。其中一个最为突出的表现是大学生的道德发展现状与预期德育目标的巨大落差。大学生的责任感、正义感、同情感等道德情感的缺失，已成为一个不容回避的现实问题，并引发了社会公众对大学教育，尤其是德育的广泛质疑。肯尼迪就认为："本质上，大学是容易引起争议的地方。……我们必须认真考虑大学所受到的批评，并且追根溯源。"② 在对大学及其教育的不断思考与问责背后，体现的其实是公

---

① ［美］戴维·斯特利：《重新构想大学：高等教育创新的十种设计》，徐宗玲等译，生活·读书·新知三联书店2021年版，第276页。
② ［美］唐纳德·肯尼迪：《学术责任》，阎凤桥等译，新华出版社2002年版，第26页。

众对大学的殷切企盼。故而，面对德育的困境、大学生道德情感的迷失，以及社会舆论的质疑，有"社会良心""海上灯塔""世俗教会"之称的大学，尤其有必要对自身进行细致而深入的思想审视与灵魂剖析，并进一步探讨医治德育病灶、提升学生道德情感水平的药方，以更好地回应舆论的期待。这不仅是对青年一代负责，也是大学及教育本身所应具备的高贵品质和义不容辞的责任，更关乎社会主义和谐社会的构建与中华民族伟大复兴梦的实现！

第一节 问题缘起与选题意义

一 问题缘起

（一）大学德育的尴尬困境

中华民族历来就有重视德育的优良传统。学校德育，作为我国意识形态建设与价值教育的重要途径，其重要性毋庸置疑。特别是近些年，"德育首位论"的呼声更是呈现出不断高涨之态势。近几年，中央下发了关于加强和改进学校德育工作的一系列文件，《中共中央国务院关于加强和改进新形势下高校思想政治工作的意见》《高校思想政治工作质量提升工程实施纲要》《教育部等八部门关于加快构建高校思想政治工作体系的意见》《关于深化新时代学校思想政治理论课改革创新的若干意见》《高等学校课程思政建设指导纲要》等。当前，对德育给予高度关注业已成为决策层面的共识。

在中央和各级地方政府的助推之下，学者们和高等院校对大学生的道德问题表现出了的极度热情，相关的德育研究呈现出一片繁荣景象，有关道德及德育的文献可谓是汗牛充栋。为彰显"德育为首"的决心，高校纷纷创立起了堪称"蔚为壮观"的德育体系。然而，事与愿违，高涨的道德热情、热闹的研究表象，以及宏大的德育实践似乎并没有收获理想的教育效果，"众人拾柴"之下的高校德育"火焰"并不高，德育实效不尽如人意的痼疾依然如故。我们可以把这种失衡现象视为当前大学德育的尴尬困境。面对大学德育的困境，以及德育实践与德育实效之间的"二律背反"，我们不得不反思：大学德育究竟怎么了？造成德育困境的根由何在？大学德育的出路又在何方？美国学者斯特利就感叹到："世界上，大学所面临的主要生存危机，就是缺乏关于大学将往何处去的思想。"① 我国的大学德育，借用吴敬琏的话，也"再度面临'向何处去'的问题"。解决这些问题，不仅需要从理论上释疑解惑，更需要在具体的教育实践中破旧立新。

（二）大学生道德情感的日趋缺失与道德冷漠的滋长

著名的"二八定律"（又称"帕累托定律"）同样适应于教育领域。教育理论中就有这样一个公式："学习能力＝20%的显性知识＋80%的隐性知识。"② 情感无疑属于个人的一种非常重要的隐性知识。"情感的因素是道德教育和宗教教育的基础。"③ 道德情感对于学生的道德学习能力也起着极大的助推作用。人对某种价值的认同不仅是认知所及，更是情感所致。如果没有情感作为人的行动的动力机制，缺乏情感在人的行为系统中的调控作用，忽略情感在道德信念形成中的本源性基础，个体的道德人格大厦将无法矗立。何况，认知的发展不能代替情感的发展，德育理论中的认知学派也并不能解决今天德育的所有难题。就大学生而言，"成为学生心理活动中心的是情感，而不是思想"④。大学生通常是根据情感，而不是根据理性判断来表达他们的道德观点的。因此，敏锐精细的道德情

---

① ［美］戴维·斯特利：《重新构想大学：高等教育创新的十种设计》，徐宗玲等译，生活·读书·新知三联书店2021年版，第21页。
② 蒋红、陈娜：《高校思想政治理论课"实践导向型"双主体教学模式探析》，《思想教育研究》2013年第2期。
③ 瞿葆奎主编：《教育学文集——教育目的》，人民教育出版社1989年版，第297页。
④ ［苏联］乌申斯基：《人是教育的对象》，选自单中惠、杨汉麟《西方教育学名著提要》，江西人民出版社2004年版，第272页。

感在德育中起着举足轻重的作用。学校德育如果仅重视认知(理性)教育,对于人的道德形成而言,它是远不够完整的。

另外,从效果论的角度来看,"效果是一个复杂的多层次的概念,有显在的、潜在的;……有态度的、认知的、情感的……以任何一种或一个方面的效果取代全部,都难免有些片面"①。除了道德认知、道德意志和道德行为,学生的道德情感水平也要成为衡量德育内在效果的一个重要指标。苏霍姆林斯基甚至认为,人类一切教育的终极教育就是道德情感的教育;而且,从大学教育的本质功能来看,其根本任务在于立德树人,促进大学生的知、情、意、行的全面自由和谐充分发展。有鉴于此,道德情感作为大学生健康成长的内生需求,对其加以培养和提升理应成为大学教育,尤其是德育的题中应有之义。

然而,在当今大学德育的现实情境之中,大学生道德情感的日趋迷失和匮乏已成为一个不容忽视的实然问题。法国当代哲学家吉尔·利波维茨基早就提醒人们:"冷漠在滋长着,这种现象在教育领域是那么的明显,没有其他领域能与之相比。……教育是一部被学校的冷漠中性化了的机器。"②从我国的教育现实来看,现代性的逻辑已逐渐渗入大学的每一个细胞。痛诉大学教育危机的"危机文献"③不断问世。伴随着大学教育,特别是德育的不断异化与工具化,"学校几乎成了一个训练道德无知,进行规范、条目训诫的地方"④。部分大学生出现了道德情感缺失、道德冷漠滋长的病态特征:以自我为中心,抗挫能力较差,过于追求物质享受,情感冷漠,价值理性迷失、正义感、责任感淡化,荣誉观、是非观混淆,

---

① 美国学者麦道语。转引自杜中杰《试论六十年代以来传播主流学派效果研究的转向》,《现代传播》2000年第4期。
② [法]吉尔·利波维茨基:《空虚时代:论当代个人主义》,方仁杰等译,中国人民大学出版社2007年版,第30页。
③ [美]戴维·斯特利:《重新构想大学:高等教育创新的十种设计》,徐宗玲等译,生活·读书·新知三联书店2021年版,第269页。
④ 曹永国:《自我与现代性的教育危机》,福建教育出版社2010年版,第4—5页。

同情心、公德心缺乏。道德的被放逐、精神上的无家可归，正逐渐侵蚀着大学生们追逐美好生活的憧憬，生命存在的意义和价值也被他们质疑，甚至否定。笔者对S大学某学生干部王某做了访谈，王某归纳了同学中普遍存在的几个最突出的问题：

> 第一，不诚信，考试作弊很突出；第二，不懂得感恩，认为别人对自己做的事是理所应当的；第三，没有担当，交代的事情能拖延就拖延，能推开就推开；第四，个别学生炫富比较厉害，确实有很不良的影响；第五，文明礼貌欠缺，相互礼让很少，对老师尊重不够；第六，个别学生干部的恋爱观念不良，引起学生反感；第七，学生干部功利心太强，争名逐利，很少静心做事。

从王某列举的这些问题中，我们不难发现大学生公正感、同情感、责任感等道德情感的相对贫乏。道德情感的缺失进而阻隔了和谐人际关系建构，妨碍了亲社会行为的出现。尤其是近些年来，大学校园恶性伤害案件的频繁出现，更是让公众对大学生的道德情感现状唏嘘不已。譬如，2004年云南大学马加爵案、2007年中国矿业大学铊盐投毒案，2013年复旦大学林森浩投毒案，2015年北京大学吴谢宇弑母案，再到2021年西安音乐学院药家鑫撞人刺死伤者案，其中暴露出的那种人对人的冷漠之情令世人震惊。校园极端事件的频发，使得近年来同学之间最流行的问候竟然成了"感谢在校时的不杀之恩"。这一带有几分戏谑的说法着实让人感受到了几分悲凉。虽然，发生在大学校园中的极端事件只是个别现象，并不能完全说明当今大学生群体的普遍道德水平。但是，关于大学生的一些现状调查结果却还是不容乐观，更不容小觑。如中国心理卫生协会对全国范围内的大学生展开了一项调查，调查结果表明："近40%的大学新生和50%以上的毕业生存有不同的心理问题，其中人际交往、学习压力、就业压力、情感困境是最为突出的四大'心病'。"①

随着对大学生道德情感的日益重视,国内一些学者开展了对大学生道德情感现状的调查。大部分研究者通过调查就发现,目前,大学生的道德情感发展主流总体是好的,但与教育目标仍存在相当差距。如,王建华等人通过调研发现,大学生对一些重要的道德情感认识不深刻,在道德的情感层面上态度不坚定。特别是良心感和同情感比较缺乏;② 卢家媚等人对大学生的道德情感水平实施了大规模调查,结果表明,我国当代大学生道德情感表现出较为丰富的内涵。但调查出来的得分只是刚过及格线,仍处于偏低水平,表明大学生道德情感整体水平仍有很大发展空间,亟待提高;③ 韩英军等的调查结果也显示,当代大学生社会公德的主流是积极向上的,但也存在责任感和正义感缺失、公共责任意识不强等方面的问题,④ 等等。

理性地加以分析,我国当前的学校教育,尤其是德育,对于大学生中出现的道德情感缺失现象难辞其咎。面对着社会急剧转型,市场飞腾跳跃,功利主义和工具理性在被誉为"知识殿堂"的高等院校获得了滋生蔓延的土壤。正如学者所言:"全球所有高等教育系统都在无情地朝着市场化大学的方向发展。"⑤ 于是乎,纵使秉持着崇高的目标与理想,在一定程度上,学校德育面对现实的"催逼利诱",还是不得不应景随波,间或在健全人格、完善心灵和充实精神世界的教育旅途上出现偏差。在功利主义教育观的驱使和引领下,大学实行的理性主义德育,在一定程度上,把作为学生品德心理结构重要内在驱动力的道德情感无情地抛在了一边,而有意或无

---

① 参见郝洪《拿什么拯救漠视生命的心》,http://theory.people.com.cn/n/2013/0417/c49166-21164895.html。
② 参见王建华、牛浩《当代大学生道德情感现状及原因分析》,《科技信息》2007年第35期。
③ 参见卢家媚等《当代大学生道德情感现状调查研究》,《教育研究》2016年第12期。
④ 参见韩英军、孙飞《大学生社会公德调查报告》,《学理论》2014年第7期。
⑤ [美]戴维·斯特利:《重新构想大学:高等教育创新的十种设计》,徐宗玲等译,生活·读书·新知三联书店2021年版,第21页。

意地忘记了"那种概念化、浅表化、教条化的德育，由于不重视人的生命的内在情感，主要靠外部的知识灌输和行为规约，其实效果很有限"①。更为严重的是，重理轻情的唯理智德育容易导致道德虚无主义的产生与蔓延，从而造成道德虚伪，甚至可能产生康德所说的对道德意向的"源头性污染"。故而，离开道德情感去谈论道德实践无异于缘木求鱼，离开陶情冶性去谈论德育无异于扼杀德育的生命。我们的大学德育之所以低效、失效甚至无效，一部分原因亦在于此。

大学德育之应然与实然的矛盾，就像一把"达摩克利斯之剑"，时刻悬在每一所大学和每一个关心教育事业的人士的头上。它不仅时时刻刻提醒我们，需要直面大学生的道德情感问题，并对其进行追根溯源，寻求破解思路，更警示学校德育需要将道德情感的培养提升明确纳入大学生思想道德建设体系之中，并进一步加大相关研究和实践的力度和深度，从德育理念、方式方法、师资培养、环境建设等层面加强对学生道德情感的关切。

（三）道德情感教育是思想政治教育的重要组成部分

笔者之所以选取大学生道德情感教育作为研究主题，不仅源于当下我国大学德育的种种生态与表象，而且源于道德情感教育与思想政治教育之间的紧密关联，这也是开展道德情感教育研究在学理上的重要依据。

1. 道德情感与德性之间存在密切的辩证关系

"我们的感情和情绪远不是无关的副产品，而是人性中最珍贵的一部分"②；"情感乃人的本质、实体、事实，所谓人性，即在于此"③。这两句话鲜明地点明了情感之于人性的重要性：言情即言

---

① 朱小蔓：《情感德育论》，人民教育出版社2005年版，自序。
② ［美］维克托·S. 约翰斯顿：《情感之源：关于人类情绪的科学》，翁恩琪等译，上海科学技术出版社2002年版，第197页。
③ 李泽厚：《论语今读》，安徽文艺出版社1998年版，第304页。

性。相关心理学研究也表明,情感不仅是获取各方面生活信息的重要渠道,而且本身也是个体的一种主观利益动因。情感的积极理性作用,通过神经系统解剖学的解析,也逐渐得到了证明。美国著名神经科学家达马西奥就指出:"情绪和感受的缺失对理性造成的损害非常严重,其对理性的破坏能力也丝毫不弱。"① 在他看来,一个人如果缺乏情感和情绪的能力,即使他有正常的理智能力,也无法做出正确的抉择和社会评价。

"没有'人的感情',就从来没有也不可能有对于真理的追求。"② "在生活的事情上,不能被感情所接受的东西终归无效。"③ 如果说追求真理和过有意义的生活需要情感,那么,追求道德善,则更需要道德情感的参与。

归根到底,道德的基础在于美好的情感,而不是理性规范,道德最终追求的也是人的真情相通。可以说,道德的复杂性在于情感,道德的生命力也在于情感。当代伦理学家努斯鲍姆看来,情感在道德哲学中居于核心地位。她认为,一个试图保持稳定、恪守民主原则的社会,不能脱离道义而存在:它应当培养特定的情感,并教人们如何移情进入别人的生活。④ 在现代西方伦理学史上,罗素、维特根斯坦、石里克、艾耶乐等伦理学家,就是因为伦理学的"情感"和价值特征,而执意将伦理学"逐出"科学的界限之外。情感心理学和品德心理学的研究也表明,"作为统一的意识结构,德性既以自觉和理性或康德所谓善良意志为内容,也包含情意之维"⑤。道德情感是个体道德意识中最为活跃的部分,人们对于道德观念的

---

① [美]安东尼奥·R. 达马西奥:《笛卡尔的错误:情绪、推理和人脑》,毛彩凤译,教育科学出版社 2007 年版,导言。
② [苏联]列宁:《列宁全集》(第 25 卷),中共中央马克思恩格斯列宁斯大林著作编译局译,人民出版社 1988 年版,第 117 页。
③ 赵汀阳:《脑袋、书本及其它》,百花文艺出版社 2008 年版,第 145 页。
④ 周程祎:《玛莎·努斯鲍姆:情感是道德哲学的核心》,《文汇报》2016 年 9 月 9 日。
⑤ 杨国荣:《伦理与存在:道德哲学研究》,孟庆时等译,北京大学出版社 2006 年版,第 137 页。

真正接受和理解，必须以人的社会情感作为发展基础和背景。而且，归根到底，道德动机就是"让道德判断和道德行为得以产生的认知和情感因素相互作用的动态过程"①，道德决策也"最终仅仅是一件个人意见和情感方面的事"②。

为此，道德情感是促进个体道德行为实施的重要内驱力，它是架设在认知与行为之间的纽带与桥梁，是道德信念形成的本源性基础，任何不带情感色彩的行为和意识活动都是不存在的。有了某种道德认识，并不一定会有相应的道德情感。但如果道德情感淡漠，仅凭道德理性去做事，造成的结果便是心不甘情不愿，内心毫无对善恶的爱恨之情，甚至会情不自禁地做出一些与道德认识相反的行为。

概言之，道德情感，作为一种自我意志监督的力量，是道德心理结构中一个极其重要的因素，其本质即完善的人性表现。其主要作用在于，不仅把社会的道德要求变成个人的内心需要，从而把人心凝聚于公共行为准则之下；而且，它能把内心的道德信念外化为道德实践。道德情感一旦形成，才能形成持久、稳定而强大的道德行为动机，积极影响人们的道德行为，也才能谈得上道德责任的担当与履行。诚如休谟所说，"没有道德情感，就没有道德行为，只有当下、直接的情感才能激发意志，产生行动"③；我国著名伦理学家王海明也宣称："需要、欲望、感情，……乃是一个人行为的惟一动力：理智无力欲无眼。所以，道德情感便是道德行为的惟一动力。"④ 从某种意义上讲，道德情感是道德生活的"灵魂"和"酵母"。因此，对道德情感的重视，在道德哲学领域里就绝不是可有可无的事情，它是道德哲学真正的逻辑起点。要培养有德性的人，

---

① Ulas Kaplan & Caitlin E. Crockett, eds., "Moral Motivation of College Students Through Multiple Developmental Structures: Evidence of Intrapersonal Variability in a Complex Dynanmic System", *Motivation and Emotion*, No.1, 2014.
② [美] 罗伯特·霍尔、约翰·戴维斯：《道德教育的理论与实践》，陆有铨等译，浙江教育出版社2003年版，第164页。
③ [英] 休谟：《道德原理研究》，周晓亮译，沈阳出版社2001年版，第274页。
④ 王海明：《伦理学原理》，北京大学出版社2005年版，第369页。

也就必然要关注人的道德情感。

2. 道德情感与德性的辩证关系决定了道德情感教育与思想政治教育必然是统一的，道德情感教育是思想政治教育的重要组成部分

从本质上说，思想政治教育属于道德教育范畴，其在内容与方法上需要情感教育的介入。而道德情感作为人类特有的一种高级情感，既是人类道德心理中最深沉最活跃的内容，同时又是人们完善自己的一个重要方面。个人道德情感的最终形成，代表着个体对于社会道德要求的内化。对于个体而言，社会道德的内化可以使人们自觉地去遵守社会道德规范，自觉地履行自己的责任和义务，进而使道德的本质力量得到发挥。所以，要想提高个体以及社会整体的道德水平，特别是思想政治水平，就要求在道德建设的过程中，在思想政治教育的过程中关注个体道德情感的作用。

当下，在对大学生进行思想政治教育的过程中，传统的以唯理智教育为主的育德方式与理念已经不能适应当前社会发展的需要。而且，大学生是一个接受能力强但情绪化倾向又十分明显的群体，要实现他们的道德认知到道德行为的顺利转化，离不开道德情感的参与，加强道德情感教育是完善学生品德的重要条件。因此，关注大学生的情感，对他们的道德情感进行教育，就成为当代大学生思想政治教育的必经之路，对其重视程度也将直接关系到大学生思想政治教育的良性发展。不管是作为大学生思想政治教育一个重要内容，或是加强大学生思想政治教育的一种手段，道德情感教育都理应贯穿大学生思想政治教育的始终。

二 选题意义

（一）理论意义

1. 可以深化对道德情感相关理论的认识

从西方哲学史来看，理性，特别是知性思辨，作为获取真理的途径，一直是哲学的主要课题。而情感则普遍被人们当作不可捉

摸，甚至是与理性截然相对的东西。黑格尔就直言："这种研究（即关于情感的研究——笔者按）是走不到多远的"①；杜威也指出："有人认为又一个流行的对立存在于理智与情感之间。……理智是纯粹的光，情感乃是打扰人的热。"② 对情感的这种偏见，使得情感的相关理论研究往往不如理智那般受人们待见与追捧。道德情感的研究则与情感的研究有着相似的命运，这一课题理论研究的现代贫乏已成为一个不争的事实。对此，我国当代著名哲学家赵汀阳一语中的："尽管道德情感在伦理学中非常重要，但现代伦理学往往对那种高于自然情感的道德情感没有认真严肃的兴趣。"③ 本书在系统梳理道德情感及其相关理论的基础上，进一步作出笔者自己的评判，从而有助于深化对道德情感的认识。

2. 可以充实大学生道德情感及其教育的相关理论

道德情感的应用价值被忽视，以及相关理论研究的相对滞后，除了造成我国道德建设实践效果收效甚微，也极大地影响了学校的德育理论与实践的发展，从而限制了德育的功能发挥。

长期以来，我们的大学德育并没有建立起相对独立的道德情感教育理念与实践操作程序。即使学校开展了相关的道德情感教育，也往往表现为一种短期行为，重形式、轻内容，表演的成分比较多。当今，越来越多的研究者开始意识到，教育研究将会发生一次转向，即关注教育中的情感。学者们普遍认同："道德绝对不是抒写在纸上的文字，而是激荡在心中的情感。……只有道德感才能激发人主动的道德行为，……道德教育最重要的是唤起每个人的仁爱之心，把道德的良知与意识重新根植于人类的心灵。"④

因此，基于德育的情感这一非理性视角，对大学生的道德情感

---

① [德]黑格尔：《美学》（第1卷），朱光潜译，商务印书馆1996年版，第41—42页。
② [美]约翰·杜威：《民主主义与教育》，王承绪译，人民教育出版社1990年版，第351页。
③ 赵汀阳：《论可能生活》，中国人民大学出版社2004年版，第197页。
④ 朱必法：《中国道德教育的三大困境》，《光明日报》2014年12月16日。

教育予以积极关注，就成为大学德育研究的题中应有之义。本书主要采取伦理学、马克思主义理论与思想政治教育学、教育学、心理学、社会学等多学科整合的办法，详尽梳理国内外相关理论，特别是马克思主义人学理论中与道德情感相关的要素，对当代大学生道德情感问题进行深入剖析，在一定程度上能够丰富、发展和完善大学生道德情感及其相关教育理论。

（二）实践价值

"道德情感是人们参加社会道德生活和接受道德教育的结果，一旦形成，就会驱使自己选择正确的道德行为，成为道德品质的有机构成部分。"[①] 道德情感之于德性的作用与意义决定了，道德情感及其教育的相关研究不仅是道德教育哲学的理论研究课题，更是摆在当代学校德育与道德生活面前的一个现实问题。因此，大学德育可以也应该在大学生道德情感的教育方面有所作为。

本书基于情感这一非理性视角，提出大学生道德情感的命题并非空穴来风，它不仅有助于正确认识和深入了解当代大学生道德情感的特点，唤起人们对终极价值的关怀、对道德需要的满足和人格自我的提升的关注，从而促进大学生心灵与精神的健康成长；而且有助于汲取相关经验教训，实现我国大学德育模式和实施方式的转变，解决当前大学德育中存在的现实问题，推动大学德育走向科学化与人文化，最终对提高大学德育实效有所助益。

第二节 本质辨析：大学生道德情感教育的论域界定

厘清核心概念、框定研究对象和研究范围，是任何一项研究得

---

① 朱贻庭主编：《伦理学小辞典》，上海辞书出版社2004年版，第88页。

以顺利开展的基本前提和基础。当前中国社会的道德现状与社会改革发展对道德的要求之间的不相适应，使道德情感成为当前伦理学研究的重要问题。但这一切毕竟只是确立道德情感研究课题的外部因素和条件。要完整、准确地揭示道德情感研究的立论基础，必须从道德与情感自身入手，通过对道德与情感内涵本质的分析，进一步说明开展道德情感研究既是道德内在结构的需要，也是提高大学德育实效的必然要求。

一 道德

自从人类社会诞生之日起，道德就如同大厦之根基，一直伴随着人类。关于道德的讨论也从未停止。人们普遍认为，虽然"道德力量并不能创造奇迹，但它却驱使人们去行动，正是由于人们的行为，才创造了奇迹——建设文明或毁灭文明"[1]。因此，道德"是理性人的本质要义"[2]，是人类社会文明进步的标志。康德有句至理名言："有两种东西，我们愈经常愈反复地加以思索，它们就愈给人心灌输时时在翻新、有加无已的赞叹和敬畏：头上的星空和内心的道德法则。"[3] 可以说，道德是人类永恒的主题，对人类社会有着无穷的魅力。千百年来，道德正是以其自身的魅力吸引着无数伦理学家终生从事道德研究工作。然而，道德究竟是什么？从古至今就是一个颇有争议的问题。

（一）中国传统"道德"涵义及演变

中华民族是一个以德性为精神内核的民族，但汉语中关于"道德"的含义却处于不断地演变之中。从我国汉语学史来看，"道"与"德"最初是两个分开使用的概念。其中，"道"是指自然运行与人世共通的真理。从伦理学意义上讲，"道"指的是做人的基本

---

[1] 夏伟东：《道德本质论》，中国政法大学出版社1991年版，第1页。
[2] 田秀云：《社会道德与个体道德》，人民出版社2004年版，第2页。
[3] ［德］康德：《实践理性批判》，关文运译，广西师范大学出版社2002年版，第158页。

准则与客观的社会规范;"德"的基本涵义是"得",即指人们遵守和践行"道"而获得的心理意识、观念情操、品质境界等,体现了鲜明的主观性和个体性。在历史上,对"道""德"二字的解释最著名的要数魏晋南北朝时期王弼对《道德经》所作的注疏,"德者,得也。常得而无丧,利而无害,故以德为名焉。何以得德?由乎道也";同时,他又说:"道者,物之所由也;德者,物之所得也,由之乃得。"这里的"由",即指规律规则,必由之路。德,即指按道的规律去做所获得的成功。从管仲开始,道、德二字开始连用,"君之在国都也,若心之在身体也,道德定于上,则百姓化于下矣"(《管子·君臣下》)。荀况进一步发展了管仲的观点,认为一个人学到礼并行之于礼,就能达到道德的最高境界。因此,道德二字,虽各有涵义,但二者的合用乃属必然,道是外形的,德是内心的,人能行道而得乎天地的真理于心便是德了。离了道,便无所谓德。显然,中国古代伦理学意义上的"道"与"德",可分别对应于我们今天所说的客观的道德规范与主观的道德品质。

总体而论,中国传统的道德包含一定的约束性,本质上是人类精神的一种自律。直到近现代,在东西方文化不断碰撞与对话过程当中,道德才演变成人的一种品格与修养,以及各种行为规范的总和。

(二)西方"道德"涵义及演变

在西方古代文化中,道德(morals)一词起源于拉丁文中的"Mores",带有风俗、习惯等意思。古罗马思想家西塞罗根据希腊道德生活的经验,从"Mores"一词创造了一个形容词"Moralis",意指国家生活的道德风俗和人们的道德个性。之后,英文的"Morality"(道德)沿袭了这一含义,兼具社会风俗和个人品性的双重意义,即类似于中国古代"道"与"德"的含义。古希腊时期,思想家们把对道德的探究作为重要使命。如,苏格拉底提出了"美德即知识"这一著名的命题;柏拉图从"理念"的角度来研究道德的本质,并提出了"四元德"这一概念,把道德归纳为智慧、勇敢、节制、正义这四种最基本的德性；亚里士多德则认为，人的灵魂中有一个有理性的部分和一个没有理性的部分，因此，人的德性也可分为理智德性和道德德性这两种。

在从中世纪向近代的转型过程中，西方伦理思想中关于道德的研究得到进一步拓展。近代重要的理性主义者、荷兰哲学家斯宾诺莎指出，德性不是别的，它首先是人们按照自己本性的法则而行动；英国功利主义的领袖边沁提出了"最大幸福原理"，将快乐和痛苦作为体验道德的标准；法国唯物主义思想家霍尔巴赫则把道德规定为对社会有益的行为，他说："做善事，为旁人的幸福尽力，扶助别人，就是道德"①；康德把道德看成是"善良意志"的"绝对命令"，并提出了"美是道德的象征"这一命题；费希特从"自我"的角度来说明道德的本质，把人的道德心看作是人的一种希望获得他人尊敬的本能；黑格尔从"绝对精神"的角度来阐释道德的本质，将道德与自我的观念、意图联系起来，把道德视作主观意志的法。因此，道德要求人们在内心中规定善恶标准，并在行动中扬善去恶。他强调"善"和"良心"，指出人的最高目的是道德。从道德的外在根据来看，唯心主义者必然把道德理解为人的主观意识或某种先验理性（精神）的产物，从而排除了道德的受动性和客观外在的物质源泉。到了19世纪末，达尔文创建了进化论伦理学，认为道德是由于进化而发展起来的，从而赋予了道德以科学性。19世纪末20世纪初，杜威则认为，道德具有时代性和多元性的特点，并进一步主张用科学方法研究和解决道德问题。

到了现代，西方伦理思想关于道德的研究进一步深化发展。譬如，苏联哲学教授施什金就指出："所谓道德，通常是指人们行为的原则或规范的总和。"② 在道德的构成上，他认为，道德是道德意

---

① ［苏联］普列汉诺夫：《唯物主义史论丛》，王太庆译，生活·读书·新知三联书店1961年版，第11页。
② 唐永泽：《评"社会规范说"的道德界定》，《江苏大学学报》（社会科学版）2007年第4期。

识、道德关系和道德实践的统一体；苏联哲学教授季塔连科继承并进一步发挥了施什金的观点，把道德看成"是人的行为的一个受社会历史生活制约的属性，是那些使活生生的具体的个人相互联系在一起的价值意义"①。

归纳起来，西方伦理学家对道德内涵和本质的解释主要分为两类：一类观点认为，道德主要源于外部的约束力，而且这种外部约束力既是道德的手段，同时也是道德的目的。这类观点也即我们通常所说的"规范伦理"。另一类观点则认为，道德主要源于人自身向善的控制，是内驱力发挥作用的结果，其结果是获得自身的满足感。在持这类观点的伦理学家看来，道德目的与手段就是道德本身。这类观点我们通常称之为"德性伦理"。

（三）马克思主义伦理学关于"道德"内涵的界定

建立在历史唯物主义和辩证唯物主义基础上的马克思主义伦理学，由于在哲学历史观和哲学世界观上首先解决了历史与世界的本质问题，从而能够把对道德本质问题的解决，置于科学的方法论基础之上，这是科学揭示道德本质的基本前提。

马克思主义伦理学认为，追寻道德的本质必须依循两条线索：一条线索是道德与利益的关系，另一条线索是个人利益与集体利益的关系。在马克思主义伦理学看来，道德是由一定的人类社会经济关系决定，以善恶为基本的评判标准，依靠传统社会习俗与舆论、宣传教育以及个人的内心信念来调整人与人、人与社会以及人与自然之间相互关系的行为规范的总和。概括起来，马克思主义伦理学对道德本质的理解，可以归结为以下三个方面：

首先，道德的本质在于它的社会历史性，其性质、内容是由社会经济基础决定的。道德的这种社会历史本质，主要揭示了道德的外在根据，即表明道德同别的社会意识形态在这一点上的一致性，

---

① ［苏联］季塔连科主编：《马克思主义伦理学》，愚生等译，上海译文出版社1981年版，第20页。

即在社会存在面前，都具有第二性、受动性等特征。恩格斯在《反杜林论》中就曾深刻地揭示："一切以往的道德论归根到底都是当时的社会经济状况的产物。"①

其次，道德的本质在于它特殊的主体性。这种主体性，是道德的内在根据的主要表现形式之一。它所表现的是，道德作为一种人类行为规范同别的行为规范的同异关系。它和道德的非制度化、道德的自律性，以及道德的"实践精神"特征联系在一起。

最后，道德的本质在于它特殊的规范性。马克思认为，道德在本质上是一种实践精神，这是道德区别于其他社会意识的根本特征。这种规范性具体表现在：它不仅以规范的方式反映人类社会的精神，而且还以规范的方式指导人，使人践行这些规范。道德精神的这种实践特性，使得道德自身具有意识与行为、理论与实践相统一的特点，是道德区别于其他人文精神的重要标志。

基于马克思主义的立场，我国著名的伦理学家罗国杰和魏英敏等人对道德的含义进行了概括，如魏英敏就认为："道德，是人们在社会生活中形成的关于善与恶、公正与偏私、诚实与虚伪等观念、情感和行为习惯，并依靠社会舆论和良心指导的人格完善与调节人与人、人与自然关系的规范体系。"②

马克思主义理论并不是固定不变的，而是与时俱进、不断变化、发展的。随着时代的进步与社会主义建设的不断完善，道德的定义也将不断被赋予新的时代内涵。德育专家朱小蔓和梅仲荪对"道德"的理解就更加突出了道德的为我性，认为道德的基础是人类生存发展的需要，目标追求是社会安定和生活幸福；王海明在对相关伦理学著作和《中国伦理学百科全书·伦理学原理卷》，以及《辞海》中道德的概念进行解析综合之后认为，当今我国流行的道德概

---

① ［德］马克思、恩格斯：《马克思恩格斯选集》（第3卷），中共中央马克思恩格斯列宁斯大林著作编译局译，人民出版社1972年版，第134页。
② 魏英敏：《新伦理学教程》，北京大学出版社2003年版，第99页。

念是："道德是社会以善恶评价方式、依靠内心信念和传统习惯以及社会舆论来调整的人们之间以及个人和社会之间关系的行为规范。"① 在他看来，这种概念是似是而非的，主要存在两个问题：第一，概念的片面性。因为这一概念只包含道德对于社会和他人的制约和规范作用，没有指明道德是如何善待个人自己的。第二，它没有对道德与法这二者进行对比和区分。在充分论证了道德与伦理、道德与应该和道德与法的关系后，王海明将道德的概念重新定义为："道德是社会制定或认可的关于人们具有社会效用（亦即利害人己）的行为应该而非必须如何的非权力规范。"②

综合以上学者的观点，笔者以为，对道德内涵的界定应包含道德的本质属性、道德主客体的关系、道德的实现手段等几个关键因素。有鉴于此，笔者把道德界定为：它是反映个人与社会发展的共同要求，并依靠道德主体实践和一定的社会附属物才能实现的，某一特定社会形态下的行为规范。从这一界定可以看出道德的两个主要特征：其一，道德是动态发展的人的行为准则；其二，道德要促进个人与社会的共同发展，其实现亦需要个人与社会的共同努力。

二 情感

情感是人类精神生活的重要组成部分，历来备受人们关注。早在《礼记·礼运》中就有云："何谓人情？喜怒哀惧爱恶欲，七者弗学而能。"（《礼记·礼运》）古人一语道出了情感的七种主要表现形式，认为情感是人与生俱来的本能反应。荀子也有与之相类似的思想，认为："性者，天之就也；情者，性之质也；欲者，情之应也。"（《荀子·正名》）又说："目好色，耳好声，口好味，心好利，骨体肌理好愉快，是皆生于人之情性者也。"（《荀子·性恶》）显然，荀子把情感视为人之本性的体现和人的欲求满足与否的一种

---

① 王海明：《新伦理学》，商务印书馆2006年版，第103页。
② 王海明：《新伦理学》，商务印书馆2006年版，第112页。

内在感应和外显反映。

然而，情感作为人的一种特殊体验，要准确把握它的内涵及本质并非易事。19世纪英国情感主义的兴起，使情感开始成为众多学科关注的对象。但是，到目前为止，人们对于情感内涵及本质的理解仍然处于一个不是回避、就是简化处理的状态。李伯黍等人就认为："在心理学中，大概再也没有别的概念像情感那样既无确切的定义，同时又被频繁地使用的了。"① 1995年出版的中国第一部心理学大型百科全书《心理学百科全书》中就没有"情感"这一辞条。在另一部《简明心理学百科全书》中，有"情感"这一条目，但注释为"见情绪"。《辞海》中也只是对"情感"作了一个简单的描述，即"情感，指人的喜、怒、哀、乐等心理表现"，而没有对其作更为深入的分析和详尽的解释。

在国外，关于情感内涵的解释可谓众说纷坛。早在古希腊时期，情感就走进了人们的研究视野。如，亚里士多德除了在《修辞学》一书中对情感进行了系统的分析之外，关于情感的探讨还广泛分布于《亚里士多德文集》《尼各马科伦理学》《政治学》等著作之中。在亚里士多德看来，"灵魂中可以发现三种东西：情感、能力和性格状态，而美德必定是它们的一个方面"②，而"情感是所有这样的感觉：它们改变着人们，影响着人们的判断，并且还伴随着愉快和痛苦的感觉"③。他强调，情感不仅扎根于个人的心理，还扎根于社会交往中。斯宾诺莎则把情感视为个人的身体感触，而且这些感触能增进或是阻碍身体活动的力量。④ 心理学界对情感的界定更为多样，如在著名情绪心理学家斯托曼看来，情感这一概念仅用于人

---

① 李伯黍、燕国材主编：《教育心理学》，华东师范大学出版社2010年版，第28页。
② [美] 莫特玛·阿德勒、查尔斯·范多伦：《西方思想宝库》，该书编委会译编，吉林人民出版社1988年版，第339页。
③ [美] 莫特玛·阿德勒、查尔斯·范多伦：《西方思想宝库》，该书编委会译编，吉林人民出版社1988年版，第339页。
④ 参见 [荷] 斯宾诺莎《伦理学》，贺麟译，商务印书馆1997年版，第98页。

类，是指情绪过程的某种感受；① 社会学家诺尔曼·丹森从社会现象学和解释学角度来界定情感的本质。他把情感界定为自我的感受，具体包括：（1）感性现实的与（2）躯体经历的，也包括（3）意向价值的与（4）道德主体的等感受。其中，（1）提供了自我感受的基础，（2）提供了自我感受的范围，（3）为自我感受提供了连续性和组织性，（4）是主体对自己作为道德意识对象的自我反思。道德的感受是自我感受的核心，制约着人们的所有情感。而且，他认为："情感是人这个现象的核心。"② 这一观点使得情感主体真正具有了人的现实丰富性。俄国学者雅科布松则认为，情感是指人稳定的情绪态度和心理状态，其功能在于：第一，情感能提高作为完整个性的人对现实各种各样刺激的反应能力；第二，情感为人与周围世界建立活生生的联系提供可能。③

在国内，也有很多关于情感的解释，如《中国大百科全书》把情感界定为特殊的主观体验、显著的身体——心理变化和外部表情行为；普通心理学则对情绪和情感的内涵进行了区分，认为情绪更倾向于个体基本需求满足与否的态度体验，而情感则更倾向于社会需求满足与否的态度体验。

在借鉴前人研究成果的基础上，朱小蔓基于情感产生的生理基础和其形成的内在机制，对情感的内涵和本质作出了如下界定，即情感是主体以自身精神需求和人生价值为主要对象的一种自我感受、内心体验、情境评价、移情共鸣和反应选择。④ 可以说，这一界定是目前为止国内对情感内涵最为深刻、全面的概括。笔者即采用这一定义作为研究的基点和依据。

---

① 黄希庭：《心理学导论》，人民教育出版社1991年版，第508页。
② [美]诺尔曼·丹森：《情感论》，魏中军等译，辽宁教育出版社1989年版，第4—5页。
③ 参见[苏联]雅科布松《情感心理学》，王玉琴等译，黑龙江人民出版社1988年版，第18—21页。
④ 参见朱小蔓《情感是人类精神生命中的主体力量》，《南京林业大学学报》（人文社会科学版）2001年第1期。

从情感的分类来说，主要包括生理性情感、基本社会性情感和高级社会性情感三类。所谓"生理性情感"，也就是我们平常说的"情绪"，是指由多种感觉、思想和行为产生的综合的生理与心理状态，持续时间较短，且具有一定的情景性，如喜、怒、哀、乐、惊、恐等；基本社会性情感，是指与基本的社会性需要紧密相关的情感，如友善感、亲情感等；高级社会性情感，又称为"情操"，是指与高级的社会性需要紧密相关的那部分情感。高级社会性情感相对于低级情感具有一定的相对独立性，以及稳定性和深刻性，而道德情感就属于这种情感。

三 道德情感

"情感与道德，就如同两条相互纠缠在一起的精神之索，各自独立，又不可分割。"① 情感是道德的基石。没有情感，就没有道德可言。因此，把二者连起来无可厚非。道德情感，又称道德感，属于人的高级社会性情感，它在道德人格结构及道德实践活动中有着特殊的地位和作用。

在国外，康德是研究道德情感最著名的代表之一。在康德的道德哲学体系中，道德情感是一个非常特殊的概念，它是在批判近代情感主义伦理派的基础上建立起来的。在《道德形而上学》一书中，康德把情感分为两大基本类型：一种是病理学意义上的情感，即自然情感，第二种是道德情感。在他看来，"对法则采取这样一种关切（或者对于道德法则本身的敬重）的能力其实就是道德情感"②。而且，这种道德情感是每个人生来就具有的一种主观的东西，因此不能充当知识；休谟对道德与情感之间的联系也开展了讨论，认为：道德不是理性的对象，"一切道德都依靠于我们的情绪"③；亚当·斯密在《道

---

① 郑信军：《青少年的道德情感：结构与发展》，浙江大学出版社2015年版，第61页。
② ［德］康德：《实践理性批判》，韩水法译，商务印书馆1999年版，第87页。
③ ［英］大卫·休谟：《人性论》（下册），关文运译，商务印书馆1980年版，第557页。

德情操论》一书中亦对同情感这一道德情感展开了系统的研究。

在我国,最早将道德与情感联系起来是在先秦时代。孟子就曾言:"乃若其情,则可以为善矣。"(《孟子·告子上》)这里的"情"主要是指"四端之心",它们不仅是人的本然的道德情感,也是情与理的统一。20世纪80年代,国内学者开始对道德情感展开系统研究。学者们对道德情感这一概念的界定大同小异,都把道德情感看成是人们基于一定的社会道德准则而产生的内心体验和主观态度,如陆有铨、李伯黍、燕国材、孙学功、冯鸿滔等。目前,国内对于道德情感概念的界定最具代表性并被广泛接受的是曾新钊、李建华的解释。他们认为:道德情感是在道德认识的基础上,根据一定的社会道德标准,对现实道德关系和道德行为的一种情绪态度体验。① 显而易见,对道德情感的这种界定,是建立在"情感是认知的产物,是逻辑判断导致的结果"这一论断基础之上的。

随着教育实践的发展和道德情感研究的深入,人们对道德情感有了新的认识,以往关于道德情感的界定也表现出了一定的片面性。情绪心理学与脑神经科学的研究结果就表明,情感并非只是作为认知的衍生物出现而完全由认知决定和影响,它有着自己独立的机制与功能,也能决定和影响认知活动的方向与方式。所以,上述把情感仅视为认知的结果,把道德情感解释为道德认知的产物,只注重道德情感的社会要求,忽视个人内心世界在情感方面的诉求的观点并不恰当。这种思维方式也是导致学校德育走上唯认知主义(唯理智)道路的主要原因。道德情感应该被理解为有关道德性质的活动所导致的人的情感的感受,它是道德意识在人的情感层面上的反映。针对上述关于情感的定义,朱小蔓指出:"这一道德感的定义是长期以来把情绪、情感作为认知的副现象和逻辑结果的产物。不突破这一定义的思维方式,我们将必然走向道德教育的惟认

---

① 参见曾新钊、李建华《道德心理学》,中南大学出版社2002年版,第135页。

知主义道路。"① 在她看来，道德情感不仅是道德认识的产物，其本身也是人的情感系统的发展和升华。② 而且，"在道德情感里，理性、意志、情感水乳交融、浑然一体"③；赵汀阳也有言："道德情感是精神性的……与属于肉身的情感没有太多关系。"④

综上，笔者认为，道德情感是指把社会取向与个体取向有机结合，并使主体能够主动地去接受社会道德的约束，使自身的归属欲望和向善的要求得以满足，从而引起的人心理上的情绪反应和内心感受。由此，它是一种自我意志监督的力量。从本质上说，道德情感既是感性的情感，但又蕴含了道德理性的内控，是人类理性与非理性的统一，个人情感与社会道德标准的统一。道德情感的充分发展是个人社会化的重要标志，其本质是完善的人性表现。

从道德情感的分类来说，广义的道德情感有积极与消极之分，二者的区别主要体现在稳固性和持久性方面。本研究所论及的道德情感，主要是从狭义的积极层面来讨论的。

在道德情感的基本结构方面，学者们的观点不一。如，戴艳、郑日昌就认为，同情心、自尊心、责任感、羞耻感是人的品德发展中最具有广延性、迁移性、共振性的四种道德情感要素；⑤ 卢家楣把道德情感的结构分为爱国感、关爱感、正直感和责任感四个维度；⑥ 文福荣、肖少北则把移情、同情心、自尊心、责任感和羞耻感作为道德情感的基本结构⑦。值得注意的是，青少年在情感素质上存在明确的年龄特征，因此，不同年龄阶段学生的道德情感在结构上应该是存在差异的。根据黄时华等人的理论分析与实证研究结

---

① 朱小蔓、梅仲苏：《道德情感教育初论》，《思想·理论·教育》2001年第10期。
② 朱小蔓、梅仲苏：《道德情感教育初论》，《思想·理论·教育》2001年第10期。
③ 朱小蔓：《道德情感简论》，《道德与文明》1991年第1期。
④ 赵汀阳：《论可能生活》，中国人民大学出版社2004年版，第197页。
⑤ 参见戴艳、郑日昌《小学生道德情感量表的编制》，《中国健康心理学杂志》2006年第4期。
⑥ 参见卢家楣等《我国青少年道德情感现状调查研究》，《教育研究》2010年第12期。
⑦ 参见文福荣、肖少北《青少年道德情感问卷编制》，《教育与教学研究》2010年第3期。

果，大学生道德情感的基本结构，主要包括爱国感、责任感和正直感三个因素。① 综合学者们的观点，笔者在本书中所论及的道德情感，主要包括爱国感、同情感、责任感和正直感这几个方面。

四　道德情感教育

道德情感教育（或称道德情感培育），是德育的重要命题。在情感世界里，任何东西都不会自然产生。作为高级社会性情感的道德情感，也并非道德品质的简单衍生物，而是有着自身内在的运行机制，它"是人们参加社会道德生活和接受道德教育的结果，一旦形成，就会驱使自己选择正确的道德行为，成为道德品质的有机构成部分"②。因此，"道德情感教育"这一命题的提出是合乎情理的。

何谓"道德情感教育"？国内对这个概念的界定基本一致，即道德情感教育是教育者根据一定的社会道德要求，在遵循人的道德情感发展特点和规律的基础上，通过一定的方式途径，有目的、有计划、有组织地对受教育者的道德情感施加影响，使他们形成符合社会要求的道德情感品质的道德实践活动。道德情感教育是针对唯理智德育的弊端而提出的一种全新的教育理念与教育方法。

道德情感教育是德育的重要组成部分，也是提高德育实效的有效切入点和突破口。需要强调的是，道德情感教育并不是在原来的教育中另外单独加上一块新内容。道德情感其实是渗透在任何教育之中的，只不过有的被漠视压抑，有的是教师不自觉，或在有需要的基础上，才进行道德情感教育。道德情感教育不同于传统的"美德袋"式教育，它在本质上是一种体验式教育。具体而言，道德情感教育遵循人的道德品质形成发展的基本规律，以感受性体验为基

---

① 参见黄时华、官永雄、张卫《大学生道德情感问卷的初步编制》，《心理与行为研究》2014年第4期。

② 朱贻庭主编：《伦理学小辞典》，上海辞书出版社2004年版。

础，以情感态度的养成为表征，以道德情感与道德认知相互影响促进为发展过程，以培养情感性道德人格为目标。因此，它是一种着眼于人的需要的满足、人的素质的整体提升和人性的圆满发展的教育思想、教育理念和新教育体系。这种教育思想、理念和体系，进一步凸显了其对于人的全面、和谐、自由发展的内在的、根本的和整全的意义。

第三节 国内外相关研究

道德情感是国内外研究者共同关注的论题，但在研究视野和路径上，国内外不尽相同，其研究成果既存在可取之处，亦有一定的局限。在对国内外已有研究成果进行扬弃的基础上，本研究方能实现更好的突破。

一 国外研究现状

从国外道德情感研究的主要范式来看，实验研究一直占据主流。通过查阅相关文献，可以发现，国外道德情感研究主要涉及以下几个方面的内容。

（一）道德情感作用研究

关于道德情感的作用，国外很多相关研究都有所论及。早在18世纪，一些哲学家就指出，情感是道德的基础。在心理学领域，弗洛伊德较早地强调了道德情感的重要性，并把情感当作人格发展的核心，认为在从"本我"向"超我"的转变过程中，羞愧、良心等情感起着十分关键的作用。弗洛伊德之后的很多心理学者，都主张把情感和行为习惯、品格特征联系起来考虑。如，美国机能主义心理学的创始人杜威，就认识到了道德情感对于人们日常生活和行为的意义，在他看来，"虽然还有人非常羡慕能过懒散生活和炫耀生活的人，但是比较好的道德情感却谴责这种生活"①；美国当代社会心理学家乔纳森·海特提出了道德判断的社会直觉模型（Social intuitionist model，SIM），认为道德信念和道德动机均来源于道德直觉，而且，在道德直觉过程中起决定作用的是直觉中的情感，而不是认知。所以，他比较赞同休谟的"理性是情感的奴隶"②这一观点；美国社会学家詹姆斯·威尔逊则高度强调了道德的二元素，认为道德的第一元素是本能性、反射性地引导行为的道德情感，第二元素是反映人特质或倾向的行为习惯。这两个元素能促使人表现出一定的道德敏感性，……具有这种道德敏感性的人就比较容易形成社会责任感。因此，相比之下，道德推理和判断并不重要；③ 美国当代心理学家霍夫曼对道德情感研究的着眼点在于道德行为发生的机制——"移情"，并建立了著名的移情理论。"人为什么会有道德行为？"霍夫曼认为，这是道德情感的需要促成的；④ 完善道德人格道德教育理论的代表里考纳则提出，完善人格是由相互促进、相互制约的道德认识、道德情感、道德行为这三部分交织构成的。他不赞同在道德教育中把知、情、行肢解开来，人为地规定"开端"或"结束"的做法。而且，他发现，道德情感在当今的道德教育讨论中被极大地忽视了，致使有的人即使认识到什么是对和错，但却不一定做出正确的行为选择，甚至还会做出错误的选择。因此，他高度强调道德情感的极端重要性，并视之为道德认识转化为道德行为的重要纽带。⑤

此外，许多相关实验研究也证实了道德情感之于道德行为的作用。如，Tina等人就"道德情感在儿童分享行为发展中的作用"进

---

① ［美］约翰·杜威：《民主主义与教育》，王承绪译，人民教育出版社1990年版，第329页。
② 参见喻丰等《道德困境之困境——情与理的辩争》，《心理科学进展》2011年第11期。
③ 参见陈会昌《道德发展心理学》，安徽教育出版社2004年版，第232页。
④ 参见陈会昌《道德发展心理学》，安徽教育出版社2004年版，第242页。
⑤ 参见袁桂林《当代西方道德教育理论》，福建教育出版社2005年版，第237—243页。

行了研究。实验具体对 4—8 岁、8—12 岁两个年龄段,共计 244 名儿童的道德情感与分享行为之间的关系进行了实验观察与研究。研究结果表明:4—8 岁之间的男生,随着年龄增长,其分享水平不断增长;而 8—12 岁之间的男生,随着年龄增长,分享水平则呈下降态势;① Molfwijk、Bert 等人在论文《道德情感的作用案例审议:理论、实践和方法》中也对道德情感的作用从理论、实践等方面进行了研究。②

(二)道德情感与道德认知、道德判断及道德行为之间关系研究

TinaMalti、Brigitte Latzko 等人就从综合的视角,运用实证的方法对儿童的道德情感和道德认知的关系进行了研究。研究结果表明:道德情感与道德认知之间存在很大的相关性。研究还列举了整体教育干预的具体措施,以达到提高儿童道德发展水平的目的;③ June Price Tangney、Jeff Stuewig 等人则对道德情感与道德行为之间的关系进行了实验研究。研究结论认为:道德情感作为人类道德结构的关键性元素,影响着道德标准和道德行为之间的联系。④

(三)道德情感归因研究

Luciano Gasser、Tina Malti 等人对攻击性和非攻击性儿童在报复和无端挑衅情景下的道德判断与道德情感归因进行了比较研究;⑤ Chaparro 和 Maria PaulaKim 等人对智利和瑞士两种不同文化背景下

---

① Sophia F. & Tina, "The Role of Moral Emotions in the Development of Children's Sharing Behavior", *Developmental Psychology*, Vol. 4, No. 50, 2014.

② Bert Molewi & Dick Kleinlugtenbelt, eds., "The Role of Emotions in Moral Case Deliberation: Theory, Practice, and Methodology", *Bioethics*, Vol. 7, No. 25, 2011.

③ Tina Malti & Brigitte Latzko, "Children's Moral Emotions and Moral Cognition: Towards an Integrative Perspective", *New Directions for Child & Adolescent Development*, No. 129, 2010.

④ Tangney, J. P. & J. Stuewig, eds., "Moral Emotions and Moral Behavior", *Annual Review of Psychology*, Vol. 1, No. 58, 2007.

⑤ Luciano Gasser & Tina Malti, eds., "Aggressive and Nonaggressive Children's Moral Judgments and Moral Emotion Attributions in SituationsInvolving Retaliation and Unprovoked Aggression", *Journal of Genetic Psychology*, Vol. 4, No. 173, 2012.

儿童的同情心、道德情感归因及道德推理进行了跨文化比较。①

（四）道德情感教育相关研究

Bruce Maxwell、Roland Reichenbach 等人从行为学的角度，对道德情感教育进行了分析，并提出了三个用来培养道德情感的日常教育实践和策略：第一，想象对方的情感反应；第二，模仿规范情感反应；第三，对与情感反应有关的情境的特征进行重新评估。②

二 国内研究现状

20 世纪 80 年代，道德情感开始进入国内学术界的研究视野，并呈现起步晚、发展快的态势。从 1984 年开始出现有关道德情感的专题论文，1990 年开始出版相关研究专著，如今研究队伍和研究力量日益壮大，研究内容也从最初的理论引介、概念论述走向实践探索，研究层次日益扩展和深化，取得了丰富的研究成果。

（一）著作与论文成果情况

截至 2023 年 1 月，国内出版的以"道德情感"为名的专著主要有：吴凤岗等著《儿童道德情感的培养》、刘海燕著《情感的力量——道德情感教育的理论与实践》、李建华著《道德情感论：当代中国道德建设的一种视角》、郑信军著《青少年的道德情感：结构与发展》等；以"情感教育"为名的专著较多，其中最有影响力的当属朱小蔓的《情感教育论纲》和李建华的《道德情感论：当代中国道德建设的一种视角》。朱小蔓是当前我国教育学界涉及道德情感理论最有代表性的人物。她把情感教育放在整个教育科学发展的历史轨迹当中，以现代相关科学研究的最新成果为基础，进行了多方面、多层次的科学审视、评价和推论，对情感的价值、情感教

---

① Maria Paula Chaparro, Hyunji Kim, Anai Fernandez & Tina Malti, "The Development of Children's Sympathy, Moral Emotion Attributions, and Moral Reasoning in Two Cultures", *European Journal of Developmental Psychology*, Vol. 4, No. 10, 2013.

② Bruce Maxwell & Roland Reichenbach, "Educating Moral Emotions: A Praxiological Analysis", *Studies in Philosophy & Education*, Vol. 2, No. 26, 2007.

育的特征、目标建构、内在过程进行了理论探讨；李建华的《道德情感论》则主要基于伦理学的视角，探究了道德情感的本质、结构、功能、限度等基本理论问题。此外，还描述了人类道德情感的历史发展过程，比较了中外道德情感理论。最后提出了反思传统道德缺陷、关注人的情感本质，从培养改善社会情感入手改善社会道德面貌的主张，并进一步对如何培育道德情感展开了讨论。①

在论文成果方面，通过对"中国期刊全文数据库"进行检索，可以发现，国内道德情感的相关论文呈现出以下三个特点：第一，论文数量增长快。由1983年国内开始发表道德情感相关论文4篇，直到2000年每年发表论文不超过10篇。到2020年，论文数量达到了50余篇，2022年也有30余篇，可见近年来研究队伍的扩大和研究成果的激增。第二，论文中不乏质量较高的文章。国内道德情感的研究开始于一些知名的教育家、心理学家和伦理学家，如鲁洁、朱小蔓、戚万学、孟昭兰、李建华等，他们学术功底深厚，研究水平较高，从而为我国道德情感相关研究奠定了坚实的根基。第三，论文内容颇为丰富。既有国外相关道德情感理论的引介，又有对道德情感的内涵、特征、本质、功能等基本理论的描述，还有道德情感培育机制的探索，以及具体道德情感如同情感、爱国感、责任感、羞耻感等维度的研究等，几乎涵盖了道德情感的各个方面。

分类研究是道德情感研究的特色。为了增强道德情感研究的针对性和层次性，很多研究者运用了分类研究方法，主要可分为学前儿童、小学生、中学生、大学生（研究生）四类群体。其中，对学前儿童及中小学生的研究最为多见。相对而言，专门对大学生道德情感及其教育进行研究的力量则显得较为薄弱，系统的、有影响的专题研究还未出现。截至2023年1月，以"大学生"和"道德情感"作为篇名在"中国期刊全文数据库"进行检索，可查到48篇

---

① 参见李建华《道德情感论：当代中国道德建设的一种视角》，北京大学出版社2011年版。

专题论文和 27 篇学位论文。以"高校"/"大学生"和"道德情感教（培）育"作为篇名进行检索，也只有 35 篇专题论文和 15 篇学位论文。有一些研究涉及大学生道德情感的某一个维度或某一个特定群体的道德情感，如陈蓉的《大学生社会责任感的实证研究》、洪嘉的《研究生社会责任感现状分析及对策》、张雪松的《贫困大学生道德情感问题分析》等。

（二）研究的主要内容

国内关于道德情感教育研究的主要内容包括以下几个方面：

1. 关于道德情感基本理论的研究

（1）道德情感的概念界定。在对道德情感这一概念的界定上，大多数研究者认为，道德情感是区别于自然情感的一种情感高级形式，是人的一种主观内心体验。如，孙学功认为，道德情感是指人的道德需要是否得到满足而产生的一种主观内心体验与态度；① 李伯黍、燕国材认为，道德情感是人们根据社会的道德规范评价自己或他人时所产生的情绪状态，是一种高级的情感形式，能对人的道德行为产生重要的驱动力；② 目前，国内关于道德情感的界定比较有代表性，并被大多数人认可的是曾新钊、李建华的界定，即道德情感是在道德认识的基础上，根据一定的社会道德标准，对现实道德关系和道德行为的一种情绪态度体验。③ 很明显，对道德情感的这种界定，是建立在"情感是认知的产物，是逻辑判断导致的结果"这一论断基础之上的。有鉴于此，朱小蔓特别强调道德情感的相对独立性，重视道德情感之于人的道德认识及道德发展的重要意义。

（2）道德情感本质的认定。目前，大多数研究者都认为，道德情感虽然具有感性的形式，但也蕴含着理性的内容。因此，道德情

---

① 孙学功：《道德情感研究综述》，《哲学动态》1998 年第 1 期。
② 李伯黍、燕国材主编：《教育心理学》，华东师范大学出版社 2010 年版，第 28 页。
③ 曾新钊、李建华：《道德心理学》，中南大学出版社 2002 年版，第 135 页。

感本质上是在理性与非理性珠联璧合、相得益彰的基础上，产生的最崇高的人类情感和道德意识；朱小蔓在对道德情感本质的认识上，格外强调道德情感之于人性的关系，她认为："道德情感的本质是由其结构本身决定的，首先它是道德的动力机制。……道德情感的深层本质是完善的人性表现。"①

（3）道德情感特征的分析。在徐启斌看来，道德情感是人的理性和非理性因素、内蕴性和外显性、功利性和非功利性、社会普遍性与个人独特性、稳定性与变易性的完整统一；② 李建华的观点与之相似，认为道德情感的特征表现为：理性内容和非理性形式的统一、社会普遍性和个人独特性的统一、自我的体验性与他人的感染性的统一、功利性与超功利性的统一、时代性与阶级性的统一。③

（4）道德认识、道德情感、道德意志、道德行为之间关系的研究。大多数学者均谈到了几者之间的关系，如戴艳、郑日昌就认为，道德情感是道德概念转化为道德行为的中介，是道德意志和道德行为的内驱力，是形成道德品质与健全人格的内在保证；④ 刘锋认为，在道德认识和道德情感之间不断进行着双向反馈。⑤ 李建华坚持：道德认识与道德情感之间是一种双向互动的关系，二者构成道德意识中的两个重要因素；⑥ 班华也把道德情感视为道德认识转化为道德行为的中介和催化剂，⑦ 等等。

（5）道德情感教育的理论依据及其作用的相关研究。从现有的研究成果看，对（道德）情感教育的理论依据进行系统研究的并不

---

① 朱小蔓：《道德情感简论》，《道德与文明》1991年第1期。
② 参见徐启斌《论道德情感的基本特征》，《江西社会科学》1997年第2期。
③ 参见李建华《道德情感论：当代中国道德建设的一种视角》，北京大学出版社2011年版，第73—76页。
④ 参见戴艳、郑日昌《小学生道德情感量表的编制》，《中国健康心理学杂志》2006年第4期。
⑤ 参见刘锋《浅谈道德认识和道德情感的双向联系》，《道德与文明》1987年第2期。
⑥ 参见李建华《道德情感论：当代中国道德建设的一种视角》，北京大学出版社2011年版，第82页。
⑦ 参见班华《现代教育论》，安徽人民出版社2001年版，第244页。

多见。相对论述比较全面的是张娴和张旭华等人。张娴从哲学依据、心理学依据、教育学依据和脑科学依据四个方面论述了情感教育的理论基础；① 张旭华从哲学基础、教育心理学基础、工程心理学基础以及后现代主义的影响等几个方面剖析了 Web2.0 网络环境下对学习者进行情感教育的理论支持。② 大多数涉及（道德）情感教育理论基础的研究，主要从心理学、脑神经科学（生理学）的角度来论证。如，卢家楣从情感心理学、教学心理学基本理论出发，对情感的功能及其运用于教学过程中所起的重要作用做了较为系统的理论探讨；③ 贾长虹等则主要基于脑科学的研究进展对课堂教学中的情感教育进行了研究。④

在吸收心理学、脑神经科学等相关研究成果的基础上，鲁洁、王逢贤、朱小蔓等认为，情感在个体道德形成中具有特殊地位，即人对道德信息的接受以情绪的活动为初始线索、人对道德价值的学习以情感—体验型为重要的学习方式、人的道德行为的发生受情感的引发和调节、人以情感为核心的动机系统作为个人道德发展的内在保证；⑤ 李建华进一步提出了道德情感的五功能说，即道德情感具有激发功能、选择功能、评价功能、预测功能、教育功能；⑥ 徐启斌则认为，道德情感具有评价反应功能、信息交流功能、协调维系功能、导向激励功能、完善自我，提升人格的功能。⑦

---

① 参见张娴《初中思想品德课中情感教育研究》，硕士学位论文，苏州大学，2011 年。
② 参见张旭华《Web2.0 网络环境下情感教育的理论基础探析》，《农业网络信息》2013 年第 4 期。
③ 参见卢家楣《情感的功能及其在教学中的作用》，《教育研究》1988 年第 7 期。
④ 参见贾长虹、卢育红《从脑科学的研究进展谈课堂教学中的情感教育》，《河北理工大学学报》（社会科学版）2008 年第 4 期。
⑤ 参见鲁洁、王逢贤《德育新论》，江苏教育出版社 1994 年版，第 74—80 页；朱小蔓《情感德育论》，人民教育出版社 2005 年版，第 41—47 页。
⑥ 参见李建华《道德情感论：当代中国道德建设的一种视角》，北京大学出版社 2011 年版，第 176—191 页。
⑦ 参见徐启斌《道德情感的功用》，《江海学刊》1997 年第 4 期。

2. 关于大学生道德情感发展的现状考察。通过实证调查，研究者们得出了大学生道德情感发展的整体情况，并分析了造成道德情感问题的主要因素

（1）大学生道德情感发展的现状。大部分研究者通过调查发现，目前大学生的道德情感发展主流是好的，但与教育目标存在相当差距。如许子渝通过调查得出，大学生的道德情感发展呈现以下特点：一是道德情感日臻丰富、复杂且更为含蓄性，二是鲜明的层次性，三是个体道德情感差异明显，四是道德情感的矛盾性。① 王建华等人通过调研发现：大学生道德情感具有较好的基础，主要体现在：他们高度评价道德情感在道德形成中的作用，有较强的自我意识和自尊心，公正感、爱国感也表现明显。但调查结果也表明，大学生对一些重要的道德情感认识不深刻，在道德的情感层面上态度不坚定易变化。尤其是良心感、同情感在大学生中还比较缺乏。② 卢家楣等人对一万多名中国大学生进行了首次大规模情感素质调查，结果表明：中国当代大学生情感素质总体发展水平尚好，部分情感亟待提高。③ 韩英军等人对大学生的社会公德进行了调查。结果显示：当代大学生社会公德的主流是积极向上的，但还存在诸多问题，主要表现在责任感和正义感缺失、公共责任意识不强等方面。④ 袁晓琳、肖少北对当前青少年网络道德与现实道德状况进行了调查研究发现，目前青少年的网络道德情感是漠然的。⑤

（2）大学生道德情感发展的主要影响因素分析。研究主要集中

---

① 参见许子渝《道德情感在高校德育中的运用研究》，硕士学位论文，西南师范大学，2002年。
② 参见王建华、牛浩《当代大学生道德情感现状及原因分析》，《科技信息》2007年第35期。
③ 卢家楣等：《中国当代大学生情感素质的现状及其影响因素》，《心理学报》2017年第1期。
④ 参见韩英军、孙飞《大学生社会公德调查报告》，《学理论》2014年第7期。
⑤ 参见袁晓琳、肖少北《青少年网络道德与现实道德状况的调查研究》，《教育观察》2021年第10期。

在以下四个影响因素：一是社会环境的影响。如王建华等人认为，各种社会思潮、多元的价值观及外来文化，以及网络的发达都对大学生的道德情感产生了不利影响，容易导致学生陷入情感矛盾之中。① 二是高校道德情感教育的缺失。如，许子渝通过对高校道德情感教育现状进行调研发现，高校存在对道德情感地位和教育重要性认识不足、道德情感教育活动在面和深度上还未能完全满足大学生的需要、尚未构建符合高校特色的道德情感目标、道德情感教育活动中教育者存在缺陷等问题。② 毕孟琴等则认为，多年来，学校充分注意了道德认知教育，但却忽略了道德情感教育和情感体验，高校道德教育缺乏实效性。③ 张霞也认为，大学生道德情感的缺失与高校道德教育体系欠完善有关，主要表现在道德教育观念、内容、途径和评价上的不足与偏差。④ 三是家庭因素的影响。学者们认为，在中国，父母们普遍存在"望子成龙、望女成凤"的心态，因此，他们高度重视子女的知识教育，而忽视对其进行道德情感的培养，严重的会导致子女们道德情感的枯竭。四是大学生自身的原因。王建华等通过调查发现，当代大学生虽然具有较强的道德认知能力，但由于缺乏丰富的生活阅历，再加上长期生活在学校这一简单的环境之中，所以，他们的道德情感往往呈现出表面化、空泛化的特点。而且，他们的自我意识不断增强，因此，反映在道德情感上，就表现出了明显的自发性，容易导致自我中心主义。⑤ 李伟等人也认为，大学生道德情感的缺失与他们自身对道德情感的认识不

---

① 参见王建华、牛浩《当代大学生道德情感现状及原因分析》，《科技信息》2007年第35期。
② 参见许子渝《道德情感在高校德育中的运用研究》，硕士学位论文，西南师范大学，2002年。
③ 参见毕孟琴《对高校道德情感教育缺失的反思》，《华北航天工业学院学报》2005年第5期。
④ 参见张霞《论大学生道德情感的培养》，硕士学位论文，浙江理工大学，2011年。
⑤ 参见王建华、牛浩《当代大学生道德情感现状及原因分析》，《科技信息》2007年第35期。

足有关。①

（3）关于促进大学生道德情感发展的基本路径

归纳起来，主要包括他律路径和自律路径。

一是他律路径。许子渝基于高校的维度，主要探讨了高校道德情感教育的必要性和重要性问题②。王弟丽从优化道德情感素质培养的外部环境和改革德育教育模式，来探讨大学生道德情感培养的路径。③ 李建华对道德情感培育的社会举措进行了专题研究；④ 刘鑫航从社会层面、家庭层面、学校教育等三个方面，对道德情感教育的他律路径进行了综合探讨。⑤ 沈嘉祺重点对道德情感教育中教师情感的作用及必备素养，即教育爱、尊严感、公正感展开了研究。⑥ 刁益虎从矫正知德与行德的割裂、道德认知与道德情感的割裂，矫正道德体验的缺失，增强移情能力两个方面强调在价值理性引领下激发道德情感。⑦ 谢惠媛、岳红在明确新时代道德情感培育的整性自觉性、方向引领性、文化延承性和时代指向性原则基础上，提出应通过创新方式方法、完善技术平台与加强制度保障等拓宽道德情感培育的途径。⑧

二是自律路径。相比他律路径，相关研究中对个人道德情感的自律路径进行研究的并不多见。如，张霞、李东旭等人的研究强

---

① 参见李伟、王蓉《高校学生道德情感教育现状与培养对策》，《产业与科技论坛》2011年第16期。

② 参见许子渝《道德情感在高校德育中的应用研究》，硕士学位论文，西南师范大学，2002年。

③ 参见王弟丽《论大学生道德情感的培养》，硕士学位论文，长春理工大学，2010年。

④ 参见李建华《道德情感培育的社会举措》，《吉首大学学报》（社会科学版）2000年第3期。

⑤ 参见刘鑫航《当代中国社会道德情感培育研究》，硕士学位论文，辽宁师范大学，2013年。

⑥ 参见沈嘉祺《道德情感教育探究——关于道德情感生成与培育的思考》，硕士学位论文，上海师范大学，2003年。

⑦ 参见刁益虎《道德教育的现代性困境及其超越》，《内蒙古社会科学》2020年第11期。

⑧ 参见谢惠媛、岳红《深化道德教育引导的道德情感进路探析》，《北京航空航天大学学报》（社会科学版）2021年第5期。

调，大学生道德情感的培育需要大学生提高自我教育能力，即正确认识自我、控制自我等①。刘鑫航从道德情感的生成机制分析个体投身道德生活实践，对于培育道德情感的重要作用。②

（三）国内外研究现状的评价

从以上国内外研究概况可以看出，道德情感及其教育的研究无论在理论还是实践层面，都取得了丰硕的成果，但仍然存在一些局限，从而为本书留下了进一步探索的空间。

1. 研究的主要贡献

（1）基本明晰了道德情感的有关概念及相关理论。已有研究中对道德情感的概念界定，主要反映了两个特点：一是对道德情感的概念界定一般都是建立在对情感本质的认知基础之上的。学者们对情感概念的阐释及相关理论是研究大学生道德情感教育的基本理论依据。二是研究对道德情感与道德发展，以及道德情感与道德认知、道德意志、道德行为之间的辩证关系进行了的分析。

（2）初步解决了与大学生道德情感有关的一些问题。一是大体指出了当前大学生道德情感及其教育的基本现状及存在的主要问题，从而为本书的进一步深化奠定了坚实的基础。二是简单地分析了造成大学生道德情感问题的主要原因，原因大多集中在时代背景、社会思潮，以及学校教育和学生自我因素等方面。三是具体提出了有关大学生道德情感教育的理论与实践对策，为我国大学生道德情感教育提供了一些可资利用的方法借鉴和解题思路。

2. 研究的主要局限

（1）道德情感的研究处于理论探讨的初期阶段。时代对德育研究创新的呼唤，促使诸多知名德育专家开始致力于道德情感研究，国内多家学术核心期刊相继发表多篇专题论文，越来越多的学者和

---

① 参见张霞《论大学生道德情感的培养》，硕士学位论文，浙江理工大学，2011年。
② 参见刘鑫航《当代中国社会道德情感培育研究》，硕士学位论文，辽宁师范大学，2013年。

一线教育工作者也开始关注道德情感、积极探索道德情感及其教育的学术价值。种种迹象表明：道德情感研究蓬勃发展，初步形成了道德情感研究体系。但是，看似涵盖了道德情感各个方面的研究，实际上并未深刻真实地揭示出道德情感的本质及道德情感问题的根源。而且，我国当前的道德情感研究大多为描述性的理论研究，缺乏历史研究和比较研究等深度分析，故而，研究在理论深度和借鉴意义上都存在一定的局限性。

（2）道德情感的研究具有局限性。目前，道德情感研究在研究理念、结合历史文化传统和时代特征、研究视角、研究对象、研究方法上都存在一定的局限。

第一，在研究理念方面，由于对道德情感认识上的局限，大部分研究还停留在简单地把道德情感视为道德认知的产物这一粗浅层面，因此，反映在德育领域，也就没有把道德情感教育作为一个相对独立的教育理念与操作程序进行深入研究。

第二，在结合历史与时代特征方面，道德情感研究多立足于研究本身，基于历史文化传统角度的研究成果阙如，从而使得研究缺乏历史感和传统特色。同时，研究的时代感与现实感也有待进一步增强，特别是在结合中国社会转型期这个特定历史节点方面还存在欠缺。

第三，在研究视角方面，研究常局限于心理学、脑科学或教育学的某一学科视角，各个学科间的交叉借鉴不足，特别是基于马克思主义人学立场的研究不多。

第四，在研究对象方面，无论国内还是国外，绝大多数道德情感的研究都集中在对学前儿童，或是中小学生道德情感的培养和训练上，相应的教育实践也主要是在学前教育和中小学教育阶段。针对青年，尤其是高校大学生的道德情感教育理论与实践的研究较少。

第五，在研究方法方面，大部分已有研究都为纯理论研究，小部分运用了定量的研究方法，而对道德情感的定性研究，特别是采用访谈法进行研究的相关成果较少。

第四节 主体框架与方法运用

一 主体框架

对道德主体的尊重与强调是道德情感研究的逻辑起点和价值旨归。本书主要借鉴伦理学、教育学、心理学、社会学等学科相关理论与知识，以国内外相关理论，特别是马克思主义人学理论为支撑。同时以特定的文化传统和社会时代特征为背景，以大学生的现实生活与道德实践为基础，以国外先进的经验为参照，以多元的研究方法为手段，以大学生道德情感问题剖析和道德情感教育路径探索为目标，从整体上对当代大学生道德情感进行了系统的研究。

本书的主体框架遵循的是问题探究式的论证模式，即通过"提出问题—分析问题—解决问题—归纳总结"的逻辑进路，重点围绕什么是大学生道德情感、为什么要培养大学生的道德情感、怎样开展大学生道德情感教育这三个问题，为大学德育中的大学生道德情感发展提供一种新的解题思路。

（一）提出问题

"一切科学讨论从问题开始。"[①] 真正有价值的科学研究总是从现实问题开始的。大学生是国家发展重要的后备力量，他们在大学阶段形成的道德观念、道德情感、道德信念及道德习惯将直接影响到他们今后服务社会的程度。在研究中，笔者通过对 S 大学展开实证调研，运用问卷调查和访谈的方法，并借鉴其他相关研究成果，对当代大学生的道德特点和情感特征进行了具体而细致的分析。针对我国大学生道德情感缺失这一现实问题，引出本书的研究论题。

---

① [英]卡尔·波普尔：《科学知识进化论》，纪树立译，生活·读书·新知三联书店1987年版，第5页。

同时,通过对已有的相关文献进行综合概括,归纳出前人研究的贡献与不足,从而阐明本书的目标、思路、方法及意义。

(二) 分析问题

问题提出之后,紧接着是围绕研究论题,结合实证研究结果,立足于后工业化时代与中国社会转型时期的时代历史大背景,以及学校教育这一微观环境,重点对道德情感教育思想的根源、理论及实践基础,以及中西视域下道德情感教育思想及相关理论进行了较为深入的审视和系统地研究。

(三) 解决问题

在对当代中国大学生的道德情感发展水平及其教育的现状进行阐述的基础上,进一步进行归因分析,同时结合前人研究的解题范式,把大学生道德情感教育纳入马克思主义人学的理论视野之中去反思、分析和研究,提出符合大学生道德发展特点及德育规律的大学生道德情感教育路径。

(四) 归纳总结

研究的最后,是归纳总结本书的主要研究结论、研究的可能创新之处,以及存在的不足和未来研究的展望。

二 方法运用

方法是开展研究的工具,只有科学、严谨的方法才能使研究结果获得良好的信度和效度。然而,"任何一种方法总是有其内在局限性的,在这个意义上,总是与其他方法呈互补而不是绝对拒斥的态势"[①]。当今世界,科学研究已经不存在严格的学科分界,多学科地交叉、借鉴、融合成为研究的必然趋势和取得突破的重要方法。特别是对于教育研究来说,方法的重要性更是不言而喻。尤其是"在有选择地探索高等教育的复杂现实的过程中,在当前,求助于

---

① 高兆明:《伦理学理论与方法》,人民出版社2005年版,第151页。

若干最有关系的学科和它们所提出与运用的一些观点，有很大好处。……宽阔的论述必须是多学科的"①。因此，掌握和运用科学的研究方法，是进行大学生道德情感及其教育研究的前提和保障。笔者不赞同有些学者提出的道德情感属于某一学科分支的看法，而是认为，道德情感及其教育的相关研究应该涉及马克思主义理论与思想政治教育学、伦理学、哲学、教育学、心理学和社会学等多个学科。因此，研究中，笔者充分借鉴了以上学科的相关研究成果，并运用了问卷调查、深度访谈、统计分析等研究方法与手段，把历史研究与比较研究、实证研究与理论研究、定量研究与定性研究紧密结合起来，从而实现了研究视角上的由单一学科向多学科的转变，以及多种研究方法的综合运用。

具体来说，本研究主要采用了如下三种方法：

（一）实证研究法

为了更真实、具体地了解当前我国高校大学生的道德情感及相关教育的实态，本研究选取了某市普通本科高校即 S 大学进行实证研究。虽然只是以 S 大学作为个案，并不能完全反映整个大学生群体的状况，但我们可以断定的是，大学生的道德发展是以其心理与生理特征为基础的。而处于青年阶段的大学生群体在这两方面具有共同的年龄特征，共同的生理心理特征在一定程度上就决定了，他们在道德发展方面也必然具有某些共性。因此，通过了解 S 大学学生的道德发展状况，我们可以管中窥豹，对大学生群体的道德发展获得一个大致性的了解。本书的实证研究，主要包括大学生道德情感教育问卷调查和访谈两部分。其中，大学生道德情感教育问卷调查，主要用于大致了解 S 大学道德情感教育实态及学生对学校道德情感教育方面的意见和建议。本书共发放 450 份调查问卷，经过问卷整理，剔除无效问卷后，收回了有效问卷 354 份。之后运用 EX-

---

① ［美］伯顿·克拉克：《高等教育新论——多学科的研究》，王承绪等译，浙江教育出版社 2001 年版，导言（2）。

CEL 和 SPSS 19.0 等统计软件对数据进行统计分析，获取调查预期设定的信息；访谈法，则主要用于更深入地了解大学生的道德情感状况，以及学校开展德育和道德情感教育的现状。访谈主要采取个别访谈的形式，包括对学生和教师的个别访谈，学生方面，选取两名大学生进行个别深度访谈，教师方面，选取一名大学任课老师兼学生班主任进行个别深度访谈。通过访谈这一质的研究方法，可以获得与大学生道德情感教育有关的宝贵的一手研究资料。

（二）文献分析法

无论何种研究，都必须建立在已有的研究成果之上。通过梳理相关文献，有利于厘清所要研究问题的研究现状，具体包括该领域的研究前沿、已经取得的研究成果及有待继续深入探讨的地方，这是借鉴、吸收前人有益研究成果必不可少的方法。文献研究法是本书采用的一个主要研究方法，具体表现在两个方面：一是述评道德情感教育相关研究成果，归纳出道德情感研究的特点及存在的不足；二是梳理中外德育史上关于道德情感教育的历史经验，从德育史的角度论证道德情感与德育的关系。

（三）比较分析法

有比较才有鉴别。本书采用的比较分析法，主要集中在对古今中外的道德情感及教育的相关理论，以及实践经验进行分析、比较和借鉴，进一步开拓研究视野，明晰研究思路，找准研究基点，从而实现研究中的理论与实践、事实与价值的辩证统一。

第二章

道德情感教育的理论与实践基础

任何一项研究的开展,总是基于一定的理论与实践基础。没有任何理论支撑的研究,犹如无源之水、无本之木,容易导致研究的就事论事、流于表面,缺乏理论的深度;而与实践隔缘的研究,则会因为缺少实际生活的观照,而丧失生命力和进一步丰富完善的动力。与此同时,理论与实践基础又反过来为研究的开展提供了价值支持,成为研究必要性的最好诠释。因此,对大学生道德情感教育的理论与实践基础进行探讨是本研究不可或缺的一个环节。

第一节 马克思主义人学理论:道德情感教育的理论基础

"只有清晰的理论分析才能在错综复杂的事实中指明正确的道路。"① 道德情感教育研究首先必须通过理论解析寻求其在理论上的依据,这是开展研究的基本理论前提。从根本上说,道德情感教育从属于德育,而德育很大程度上是做"人"的思想工作,是争取人

---

① [德]马克思、恩格斯:《马克思恩格斯全集》(第37卷),中共中央马克思恩格斯列宁斯大林著作编译局译,人民出版社1971年版,第283页。

心的工作。因此，德育的原点和落脚点只能是作为"现实的人"；而且，从德育的过程和最终目的来看，德育是通过充分挖掘人的潜能，提高学生的道德意识，陶冶他们的道德情感，磨练他们的道德意志，坚定他们的道德信念，养成良好的道德行为习惯，从而实现道德境界的升华，形成崇高的道德人格，促进人的自由全面和谐充分地发展。无疑，马克思主义人学理论是能充当起德育，尤其是道德情感教育的哲学理论基础和依据的。

一 "人的主体性"理论

马克思关于"人的主体性"理论主要包括以下两方面的内容：首先是全面揭示了主体的不同用法或含义，其次是唯物辩证地阐明了主体的基本属性。在主体的不同用法或含义上，马克思认为，主体在本体论、认识论和历史观这三种不同意义上的内涵不尽相同。在本体论意义上的主体，主要是指世界的本原。

在马克思看来，"物质是一切变化的主体"①；他同时又强调，"人始终是主体"②。这里的主体和客体就是从认识论的意义上说的。历史观意义上的主体则是马克思讲得最多的，也是最重要的，即人类社会的发展是一个自主运动的过程，它建立在社会实践的基础之上，并且立足于主体地位的不断生成；在阐明主体——人的基本属性方面，马克思认为，作为主体的人具有客观实在性、社会历史性、思维意识性和实践能动性等属性。在他看来，人是"肉体的、有自然力的、有生命的、现实的、感性的、对象性的存在物"③。人比动物的高明之处就在于，人能进行思考、认识和实践，具有意

---

① ［德］马克思、恩格斯：《马克思恩格斯全集》（第2卷），中共中央马克思恩格斯列宁斯大林著作编译局译，人民出版社1957年版，第164页。
② ［德］马克思、恩格斯：《马克思恩格斯全集》（第42卷），中共中央马克思恩格斯列宁斯大林著作编译局译，人民出版社1979年版，第130页。
③ ［德］马克思、恩格斯：《马克思恩格斯全集》（第42卷），中共中央马克思恩格斯列宁斯大林著作编译局译，人民出版社1979年版，第167页。

识、理性、情感、反思等功能。因此，恩格斯把人的思维意识誉为地球上的"最高的精华"①。马克思批判了唯心主义把人的思维意识夸大为脱离了自然、社会和人的神秘的、绝对力量的、片面的精神主体性，也批判了看不到人的主体能动性，只是机械地把人的思维意识看成是神经发条式的运动的旧唯物主义。由此，马克思在人类历史上第一次提出了建立在实践基础上的人的实践主体性思想。

对主体性问题的讨论发端于哲学界，并从哲学界迅速辐射，形成了多学科多领域研究主体性问题的热潮。尤其是现代社会的飞速发展，对人的素质提出了全新的要求，人的素质不再仅限于知识和技术，更为重要的是个人的主动性、创造力、健康丰富的情感生活，等等。这些素质都与人的主体性密切相关。因此，主体性成为全面发展的人的本质特征和根本素质要求。自20世纪80年代以来，教育理论与实践领域的最热门话题，就是教育主体性问题。有的学者甚至把主体性教育理论称为教育理论中的"哥白尼革命"，认为其反映了当代教育理论研究的一种自身觉醒，是从重"事"向重"人"研究的一种积极转变。教育本质上是一种关于人的对象性活动，这一活动必然涉及主体、客体及相互关系问题。从根本上说，教育应该是一种旨在培养人的主体性、提高人的主体能力的实践活动和社会现象。故而，在当下，教育应该以什么样的方式才能培养具有主体性的人，从而避免重蹈工具主义的覆辙，是一个需要认真加以思考的问题。

就学校德育而言，受教育者并非被动地接受或模仿教育者所传授的道德规范、道德行为，而是以自己已有的道德认知和道德情感，对教育者的德育要求进行评价与选择。有鉴于此，受教育者在德育活动中扮演了两种角色，既是德育的本质客体，又是积极认知和行动的主体，且其主体性的地位更为突出。大学生道德情感教育这一研究主题，主要就是针对当前学校德育中"目中无人"的现象

---

① ［德］恩格斯：《自然辩证法》，于光远等译编，人民出版社1984年版，第23页。

提出来的，其主要目的是唤醒人们对学生主体性的尊重、对学生道德需要的满足、道德情感的升华及道德人格的塑造予以关注。同时，人的主体性理论也为大学生道德情感教育提供了理论借鉴，它要求教育者，一方面，要充分尊重大学生的身心发展特点，认清其现实的生存状态与道德情感问题；另一方面，也要帮助大学生克服社会环境等外来因素所引发的消极影响，并尽量提供和创造有利条件，充分调动大学生道德情感自我教育的积极性，使他们成为道德情感教育的"主角"。

二 "人的需要"理论

"人的需要理论"是马克思主义人学理论的一个重要内容。在马克思看来，人们的"需要即他们的本性"[①]，而人的现实的自然存在和社会存在又决定了人的需要的丰富性，并且"人以其需要的无限性和广泛性区别于其他一切动物"[②]。但是，需要并不是人们主观自生的东西，而是实践活动的产物，它与人们自由自觉活动的本性存在着内在的必然联系。所以，需要在本质上是一个客观的范畴。

从需要的分类来看，根据马克思主义和历史唯物主义基本原理，它可分为基本的生存需要、情感需要、社会需要、享受需要和发展需要。其中，生存需要属于生理需要或物质需要，后四者属于社会需要或精神需要。而且，这五个层次的需要依次发展的，当人通过活动满足了原有的需要时，又会产生新的需要。因此可以说，需要是人的物质活动和思想活动的基本动力，它充当着所有活动的内驱力的角色。

那么，要满足人的多方面需要，并实现需要的不断升级，除了人自身不断地学习与努力，还必须借助教育、人际交往等各种外在

---

① ［德］马克思、恩格斯：《马克思恩格斯全集》（第3卷），中共中央马克思恩格斯列宁斯大林著作编译局译，人民出版社1960年版，第514页。

② ［德］马克思、恩格斯：《马克思恩格斯全集》（第49卷），中共中央马克思恩格斯列宁斯大林著作编译局译，人民出版社1982年版，第130页。

力量，从而更好地满足自我发展的需要。而德育本质上是做"人"的工作，它通过不断满足人的多方面需要，促进人的全面发展。在这个意义上，德育不仅是满足个体需要的手段，反过来，个体的需要也为德育的存在与发展提供了源源不断的强大动力。

因此，对人的需要，尤其是大学生的需要问题加以研究，是极其有必要的，它有利于增强德育的针对性和实效性。而情感需要是人的一种高级精神需要，情绪的发生机制表明，一个人情绪极性的发生是由客观事物与个体需要之间的关系决定的。只有当客观事物满足了个体内部的需求，才能激起积极的情感。所以，德育的知与行能否顺利转化，关键不是认识问题，而是内心的道德情感与道德信念的问题。道德情感作为客观的道德现象能否满足受教育者的主体道德需要，而引发的一种内心情感体验，其本质是人内心的一种高级社会情感需要，它"既揭示了个体道德需要的存在，又对这一需要的满足与否作出及时的反映……对道德需要的揭示、增强的关键性渠道之一应是道德情感的培养"[①]。这就要求，德育工作者在具体的教育实践过程中，一方面要加强对学生的人文关怀，密切关注并合理引导、满足大学生道德情感方面的多元需求；同时，也要注意培养和发展学生更高层次的道德情感需要，最终通过教育的努力，使其不断得以丰富和提升。

三 "人的全面发展"理论

人的发展问题是马克思主义人学理论的最终落脚点。一般来说，人的全面发展是一个相对的概念，它是针对人的片面发展提出来的。归根到底，它是对现实的人与社会发展状况的评价，以及对未来理想状态的一种展望。

关于人的全面发展的内涵，按照马克思和恩格斯的观点，主要

---

① 檀传宝：《德育美学观》，山西教育出版社1996年版，第83页。

包括三层含义①：

第一层主要指由人的体力和智力构成的人的劳动能力的发展，这是人的全面发展的核心；第二层主要指人的社会关系的全面发展，"个人的全面性不是想象的或设想的全面性，而是他的现实关系和观念关系的全面性"②。因此，社会关系的全面发展是人的全面发展的关键。人必须以社会关系作为自己的存在基础和表现方式。一个人的发展取决于与他进行物质、心理、情感等各方面交往的其他一切人的发展，这就要求个人必须积极参与各个社会领域的生活实践，争取同实践中的其他所有人进行物质与精神生产方面的普遍交往，在交往中形成丰富而全面的社会关系，来推动自我的全面发展；第三层是人的个性的全面发展。在马克思看来，人的全面发展不仅意味着人的体力、智力及社会关系的全面发展，而且还意味着人自主性、能动性和创造性等诸多个性内容获得整体、自由的发展。所以，人的个性的全面发展是人的全面发展的根本内涵和最高目标。

归根到底，人的精神生活是情感与理性的统一。对于在精神生活中占据重要地位的道德生活而言，它理应是道德情感与道德理性的统一。而人又是整体性生命存在，因此，对于大学生而言，唯有做到道德情感与道德理性的辩证统一，共生共融，才能提升道德发展水平，促使整体素质的发展；同时，德育的目的性也表明，无论是追求人性整体素质的提升，还是对完美人性的向往，德育的根本任务就在于"通过多种形式的教育活动，以科学的理论武装人，以正确的舆论引导人，以高尚的精神塑造人，以优秀的作品鼓舞人，引导受教育者求真、向善、致美"③。简言之，就是追求人的全面发展，这一根本任务也在一定程度上说明了，德育过程必然是感性和

---

① 参见郑永廷等《人的现代化理论与实践》，人民出版社2006年版，第237页。
② ［德］马克思、恩格斯：《马克思恩格斯全集》（第30卷），中共中央马克思恩格斯列宁斯大林著作编译局译，人民出版社1995年版，第541页。
③ 孙余余：《人的虚拟生存与思想政治教育创新研究》，博士学位论文，山东师范大学，2011年。

理性的统一，是知、情、意、行的统一。

于是，道德情感教育作为高校德育的重要组成部分，理应促进大学生知情意行的整体发展。对于教育者而言，他们就需要深谙大学生道德情感发展的具体特点，引导其道德感的获得，最终促进他们全面、自由、和谐发展。在这里，我们就可以充分借鉴马克思关于人的全面发展理论，从人的社会关系与个性全面发展的辩证统一角度培养大学生的道德情感。

第二节 道德情感教育的实践基础

每一个研究论题的提出，总是基于一定的社会历史背景和时代需要，这是开展研究的实践基础。立足于现实，并服务于现实，是开展任何研究的基本要求。而社会存在决定社会意识，这就规定了，我们绝不能静止、孤立地去看待人们的各种思想认识问题，更不能脱离现实的外界条件，仅从人们的头脑中寻找问题的思想根源，而是要深入考察人们的思想动机及其背后的社会生活方面的诱因。对于任何一项社会或教育改革来说，它们往往是伴随着国家与社会的发展进程而不断推进的。无论是处于后工业化时代的现代社会，还是转型期中国社会的道德重建，尤其是困境中的大学德育，都为关注道德情感提供了实践层面的基础与要求。培育大学生的道德情感已成为一种迫切的现实需要。

一 后工业化时代呼唤情感救赎

20世纪四五十年代以来，随着第三次科技革命的兴起，现代社会逐步进入了以高科技、高效率、高竞争为特征的后工业化时代，也即信息化时代。"技术决定一切""理性至上""效率优先"被世人奉为圭臬。"工具理性"的统治日益深入经济、政治、精神文化等各个领域，高效率地贯彻其逻辑彻底性，甚至导致了所谓的"理

第二章 道德情感教育的理论与实践基础

性的暴政"。

同时，我们必须清醒地意识到，"科学和技术是进步的基础，对于这种主张，20世纪的经验已显示相当值得怀疑"①。科技既能载舟，也能覆舟。不幸的是，科学与技术这种人类的创造物反过来却管控着人，不时挤掉了人的主体地位。更为严重的是，在后工业化时代，"技术的胜利，似乎是以道德的败坏为代价换来的"②。科学技术虽然以其非凡的伟力，解决着现代社会的工具理性问题，但科技的进步和道德完善之间并非简单的线性关系。对于后工业化时代科技与道德二者的非线性关系，现代许多思想家已经敏感地觉察到。如卢梭认为，"随着科学与艺术的光芒在我们的地平线上升起，德行也就消失了；并且这一现象是在各个时代和各个地方都可以观察到的"③。康德对科技发展导致的"唯理主义"展开了批判，并大力呼吁"推拒知识，为了给信仰留出地盘"④。胡塞尔则感叹，西方的实证主义科学精神传统抹杀了人的情感价值和生存意义，结果导致社会忽视了对主体的真切关心，形成了一幅没有人生意义和价值的科学图景。⑤ 英国历史学家阿诺·汤因比更是无不忧虑地指出，人类心灵还不能驾驭物质文明，"现今的道德真空比过去任何时代更恶化"⑥。

科技与道德之间矛盾的不断激发，使得人类的情感日益萎缩。美国当代著名的存在主义与人本主义心理学家罗洛·梅宣称，现代社会最大的问题就是情感冷漠，"我们的社会的确有走向冷漠状态

---

① [美] 弗朗西斯·福山：《历史的终结及最后之人》，黄胜强等译，中国社会科学出版社2003年版，第21页。
② [德] 马克思、恩格斯：《马克思恩格斯选集》（第1卷），中共中央马克思恩格斯列宁斯大林著作编译局译，人民出版社1995年版，第775页。
③ [法] 卢梭：《论科学与艺术》，何兆武译，商务印书馆1963年版，第11页。
④ 汪丁丁：《知识，为信仰留余地》，《读书》2000年第2期。
⑤ 参见戴茂堂《科技进步与社会发展之间非线性关系分析》，《武汉科技大学学报》（社会科学版）2001年第12期。
⑥ 陈勇：《全球性与民族性：21世纪公民道德教育的基本视界和维度》，《道德与文明》2000年第5期。

的趋势；……没有感觉，欠缺热情、情感或激情，冷漠。冷漠与分裂性的世界彼此互为因果，循循相生"①。我国有学者也指出，迄今为止，"人类的情感曾出现过三次巨大的失落，尤以今日之第三次失落为甚。第一次是以情感为本位或基质的原始神话文化被进入文明时代的理智文化所取代而造成的失落。第二次是近代理性宣告'上帝死亡'从而终结了'信仰时代'彼岸世界的绝对情感体验。第三次则是现代技术世界（理性之物化）造成的'人之死'（借用福轲语）的困境"②。

学者们对人类道德现状的描绘并非危言耸听，也不是凭空猜测。我们必须认识到，理性的滥觞，特别是经济理性和科技理性的共生互动，在创造巨大物质财富的同时，"那些终极的、最高贵的价值，已从公共生活中销声匿迹"③，社会随之进入了尼尔·波兹曼所宣称的"技术垄断时代"，而"技术垄断的故事没有一个道德核心"④。所以，科技的功能是积极而有限的，它在价值理性或是道德问题面前表现出了它无能为力的一面，尤其是对于人类复杂的精神需求，如生活的意义支撑、情感的寄托、精神的自由和超越，等等，科技基本上是束手无策的。而且，科技的片面发展还易导致社会生活出现道德文化生长的断裂，进而陷入道德失范甚至道德沦丧的困境。

事实上，这种断裂和困境已经初见端倪，处于后工业化时代的人类道德，正处于危机之中。这里的危机主要是指"我们最看重的价值和感情受到威胁或丧失"⑤。从人与人的关系看，在科学技术发

---

① ［美］罗洛·梅：《爱与意志》，宏梅、梁华译，中国人民大学出版社2012年版，第34—35页。
② 李庆明：《教育的可能》，漓江出版社2014年版，第53页。
③ ［德］马克斯·韦伯：《学术与政治》，冯克利译，生活·读书·新知三联书店1998年版，第48页。
④ ［美］尼尔·波兹曼：《技术垄断：文化向技术投降》，何道宽译，北京大学出版社2007年版，第107页。
⑤ ［美］阿瑟·克莱曼：《道德的重量》，方筱丽译，上海译文出版社2008年版，第17—18页。

展的同时，人类的情感世界受到了极大的冲击。舍勒就确信，现代道德的全部根基是基于人对人的原则上的不信任态度，现代道德的个人主义和对休戚与共的原则的否定已经被看作是理所当然。① 科技的跨越式发展，特别是大众传媒和体现了技术理性和工具理性的互联网的出现，使得人与人之间的时空距离越来越短，但同时，也严重动摇着人们的精神世界，人与人之间的情感与心理距离日益疏离，人际关系呈现出"人机化""冷漠化"的趋势。再加上现代社会结构的分化与重组，使个体在获得自我"解放"的同时，又陷入一种"被抛"的状态，人们之间的情感及关系也容易随着流动性而变得日益淡漠。而道德冷漠是人类道德进步的大敌，它的蔓延与深化损害的是对人类生活来说最为弥足珍贵的道德情感。在这种情形之下，人与人之间的理解、尊重、同情、信任、关怀等高级的社会性情感日渐成为稀罕之物，"人们的……情感逐渐淡化、消失甚至走向反面。……人们不再满腔热情地称赞道德行为……而是'事不关己、高高挂起'、置若罔闻，避而远之，甚至从事背德之事而不感到愧疚"②。

更为严重的是，这种道德冷漠现象不断滋长，并逐渐发展成为一种普遍的社会现象。基于此，法国著名思想家吉尔·利波维茨基宣布，我们已经进入了"后道德社会"。在这一社会里，"责任感淡化，且其约束力也日渐苍白无力……道德也不再要求个人为了崇高的理想而做出自我牺牲，主体权利支配了绝对命令，道德教育则被宜居胜地、阳光假期和大众娱乐所替代"③。

与此同时，道德评价标准在多元的社会现实中也开始变得混淆不清、模棱两可。"有德性的生活"逐渐被边缘化，崇高的价值

---

① 参见［德］马克思·舍勒《价值的颠覆》，罗悌伦等译，生活·读书·新知三联书店1997年版，第126页。
② 梁金霞、黄祖辉：《道德教育全球视域》，华南理工大学出版社2007年版，第19页。
③ ［法］吉尔·利波维茨基：《责任的落寞：新民主时期的无痛伦理观》，倪复生等译，中国人民大学出版社2007年版，第33页。

信条遭到不断鄙弃，甚至就连基本的道德良心也开始受到怀疑和否定，从而促成了价值相对主义或价值虚无主义的滋生与蔓延。

毋庸讳言，当公共秩序依赖于经济原则，道德生活遵循于市场逻辑，道德行为服膺于等价交换的时候，"功利主义""拜金主义"势必甚嚣尘上。于是，"人人为自己、上帝为大家""人不为己、天诛地灭"等格言被社会中的一些人奉为处世哲学。当个体利益日渐成为判断善恶的标准，道德价值观必然会扭曲和畸变，个人内心的责任感、正直感与同情心等道德情感也会逐渐淡化甚至缺失。在如是背景之下，便出现了马尔库塞笔下描述的"单向度的人"，及康拉德·洛伦茨所说的当代人情感的"暖死亡"①。鲁洁就曾警示人们，在后工业化时代，"道德理想、情感良知等价值理性均遭清洗，人自身也成为由工具理性所任意摆布和支配的工具，人为物所役成为一种理性程序化的存在物和机器，而失去各种精神的追求"②。即使是那些曾经居于统治地位的商业伦理与道德观念，"它现在可以不再为'道德责任'烦心，不仅如此，它还可以而且的确阻止了道德情感进入那些进行商业决策的烟雾缭绕的房间"③。

以上这些情感世界萎缩、道德情感迷失的现象，从根本上损害了人类精神发展与社会进步的活力，也威胁着科技时代人类的主体地位。这让我们自然地想起了存在主义哲学家萨特对世人的警告："情感不可败坏，否则人将堕落。"④ 从20世纪末开始，众多理论学派和学者就纷纷表达了他们的担忧及对情感的重视。早在1992年，世界1575名科学家在联名发表一份题为《世界科学家对人类的警告》的报告中就郑重指出，过分注重金钱、物质和消费，造成了人与人之

---

① ［奥］康拉德·洛伦茨：《文明人类的八大罪孽》，徐筱春译，中信出版社2013年版，第3页。
② 鲁洁：《道德危机：一个现代化的悖论》，《中国教育学刊》2001年第4期。
③ ［英］R. W. 费夫尔：《西方文化的终结》，丁万江等译，江苏人民出版社2004年版，第4页。
④ 汪丁丁：《跨学科教育文集》，东北财经大学出版社2009年版，第309页。

间关系的紧张，社会的冷淡以及心灵的孤寂。美国哈佛大学作家赖德勒就把当代社会的生存之战看作是情感的生存之战；在我国，也有不少学者看到了情感对于人类生存与社会发展的重要意义，认为情感"才是人的最首要最基本的存在方式"①，它"是制约科技理性发展以免损害人类根本利益的重要力量，是高科技社会的安全阀"②。

无奈的是，由物质世界与精神世界的矛盾与反差带来的道德情感问题，造成了各类心理疾病与社会问题的层出不穷，并不断威胁着人们的身心健康与社会的稳定发展。正如托夫勒所描述的："只要我们稍稍环顾周围，就会发现到处存在着心理崩溃的征兆。这好像一颗炸弹落到了我们社会'心理环境'之中。"③据统计，在当今人类所有的疾病中，由心理因素致病的占相当大的比例。依照临床心理学和心理健康教育理论的观点，人的情感是导致心理疾病的一个重要因素；情感，尤其是道德情感的缺失，已成为后工业化时代不可忽视的社会现象。因此，要保证和谐稳定发展，人类目前所处的后工业化时代亟须从情感层面进行救赎。如何培育崇高的道德情感成为时代呼唤的一个最强音。

二 中国社会转型期对道德情感的迫切需求

每一时代的道德状况都是特定历史条件的产物和表征。当下，受全球化的影响，我国正面临全面转型的最关键时刻，即从传统型社会向现代型社会转型，"这个转型……不但指物质方面的巨大转变，更是人们自身的巨大变化，……其中也必然包含着道德观念和习惯的重大改变"④。用亚当·斯密的道德论来看中国，在市场经济

---

① 蒙培元：《情感与理性》，社会科学出版社2002年版，绪言。
② 杨岚：《人类情感论》，百花文艺出版社2002年版，第419、385—386页。
③ [美]阿尔文·托夫勒：《第三次浪潮》，朱志焱等译，新华出版社1996年版，第405页。
④ 陈瑛：《改造和提升小农伦理——再读马克思的〈路易波拿巴的雾月十八日〉》，《伦理学研究》2006年第2期。

不断发展的前提下，完善道德水准，提升道德素质尤为重要。我国著名学者汪丁丁就把丧失了道德基础的市场经济当作是伪市场经济。不可否认，转型期中国社会的道德建设取得了丰硕成果，但问题同样令人担忧。正如马克思所说的，"'精神'从一开始就很倒霉，注定要受到'物质'的纠缠"①。在效率原则的引导下，我国虽然实现了物质生活层面的极大改善，但社会生活中的冷漠，以及精神生活的空虚与精神贫困还远未得到解决。

理性地分析，之所以会出现物质与精神层面的矛盾是因为，我们的道德在很大程度上正处于绝对理性化的困境之中。而绝对的道德理性（道德理性主义）只会导致道德理想主义的崇拜，甚至出现道德冷漠，它并不能给中国营造出真正的道德精神家园。精神家园，"它不是道德的乌托邦，而是人类情感的共振场，是道德建设的长期目标"②。在道德理性主义的渗透下，人与人之间的关系进一步疏离、淡漠甚至物质化，道德情感的飘零成为了现代中国人的伦理之痛。现实社会中对他人缺乏道德关切、对社会缺乏感恩等道德冷漠现象屡见报端。造成道德冷漠这一"平庸之恶"的根源，实为"理"的独霸，"情"的失语。比如湖北荆州船主"挟尸要价"、广东佛山"小悦悦事件"等诸多"扎堆看热闹""见死不救""见危不救"等道德失范现象就是对道德冷漠现象的真实写照，其中暴露出的那种无情的理性令人心寒，引发众怨。"有道德知识、但不见诸行动"的道德行为缺席更是司空见惯，不少人更是感叹现代社会"世态炎凉冷如霜，人情淡薄薄如纸"。我国有学者就宣称："这是一个道德情感濒临崩溃的时代"。③ 刘智峰也向国人发出了中国正濒临沦为"精神的废墟"④的警告。因此，要从根本上化解这场精神

---

① ［德］马克思、恩格斯：《马克思恩格斯选集》（第1卷），中共中央马克思恩格斯列宁斯大林著作编译局译，人民出版社1995年版，第81页。
② 李建华：《道德情感论：当代中国道德建设的一种视角》，北京大学出版社2011年版，第254页。
③ 罗卫东：《情感·秩序·美德》，中国人民大学出版社2006年版，第1页。
④ 刘智峰主编：《道德中国：当代中国道德伦理的深重忧思》，中国社会科学出版社2000年版，第5页。

危机，最首要的任务就是要实现"情"与"理"的互动。有学者就指出，于中国而言，最深刻的危机是文化结构的解体，其根本解决途径在于调整理性结构，而"调整理性结构的关键在于重建情感世界，培植健全的理性和健全的人性，使人类文明在动态平衡中实现可持续发展"①。可见，道德情感缺失是当下我国构建和谐社会，实现中华民族伟大复兴的中国梦的一大障碍。

另外，"德性是法治的内在灵魂"②。道德与法律犹如硬币之两面，属于一个整体，二者不可分割。

为了实现中华民族伟大复兴的中国梦，道德理应发挥它积极的支撑作用。具体来说，支撑中国梦实现的道德支撑点包括道德认同、道德情感和道德自信。道德认同属于理性认知的范畴，体现出一定的逻辑性和规律性，而道德情感则注重从人的内心深处挖掘能够触及灵魂的力量。可见，道德情感作为重要的道德资源，直接关系着社会主义核心价值观建设的成败和中国梦的实现。中共中央、国务院印发的《新时代公民道德建设实施纲要》在总体要求部分就提出，要"激发人们形成善良的道德意愿、道德情感，培育正确的道德判断和道德责任，提高道德实践能力尤其是自觉实践能力，引导人们向往和追求讲道德、尊道德、守道德的生活"；在具体内容方面，《纲要》也再次强调要"丰富道德体验、增进道德情感"。显然，道德情感已成为转型期的中国社会在道德建设方面最为迫切的需求之一。

三 走出大学德育困境亟需道德情感教育

无论从德育史，还是从德育现实来看，德育一直备受人们关注。对于道德及德育的重要性，古今中外很多教育家都有过精辟的论述。中华民族更是有重视道德修养的优良传统。特别是近年来，在

---

① 杨岚：《人类情感论》，百花文艺出版社2002年版，第1—2页。
② 陈法根：《心灵的秩序——道德哲学理论与实践》，复旦大学出版社1998年版，第11页。

党中央的高度重视之下,"德育首位论"的呼声愈喊愈烈。1993年,在广州召开的"面向21世纪的教育改革国际研讨会"就宣称:"在未来的二十一世纪应该把道德教育放在全部教育的首位。"①

然而,在"德育为先"的口号响彻校园的豪迈之下,德育实效不尽如人意的痼疾却依然如故。受多种因素影响,在现实生活中,情感的孤独、感情的冷漠、同情心、责任心的缺失、道德的被放逐、精神上的无家可归等负面情绪,正在不觉中一步步地侵蚀青年学子们追逐幸福生活的憧憬,造成了一部分人的茫然与困惑,导致他们失去了应有的行为准则和心理依托,成为对一切都无所谓的"冷漠的旁观者"。有的甚至在性格方面出现了冷漠、怨恨、残忍的病态特征,马加爵、药家鑫、林森浩等人就是其中的典型。人们在为他们的极端行为感到惊愕、发指之余,更多的是对年轻生命的痛惜,并对当前的学校教育产生了质疑,大学德育也因此陷入尴尬困境。对于这一困境,学校如果听之任之,势必严重影响大学生的身心健康与教育效果,同时也会导致社会道德风气的恶化,进而危害整个社会正常的道德秩序。到那时,大学与教育本身的尊严也将丧失殆尽。

仔细分析,造成我国大学德育尴尬困境的原因可谓纷繁复杂。其中,学校长期以来普遍实行理性主义德育,忽视甚至否定道德情感教育,是一个不可轻视的重要因素。归根到底,这种忽视学生内心的道德需要和情感体验的德育,"既不是以人特别是受教育者为主体的,它所传授的又是剥离了人性内涵的空洞的道德规范,……本来应当是充满了人性魅力的德育,变成了毫无主体能动性,没有道德意义,枯燥无味,令人厌烦的灌输和说教"②。具体的德育实践也表明,如果仅重视学生道德理性的提高,而忽视他们内心的情感

---

① 王冬桦:《东西方道德教育比较研究》,《比较教育研究》1996年第4期。
② 鲁洁:《人对人的理解:道德教育的基础——道德教育当代转型的思考》,《教育研究》2000年第7期。

需求与情感共鸣,那么,我们的德育最终培养出的将是一大批只会讲假话、大话、空话的伪君子,而不是真正意义上的有道德的人。有鉴于此,大学德育走出困境就亟须道德情感教育的介入,道德情感教育理应成为大学德育的题中应有之义。

第三章
大学生道德情感教育实证研究
——以S大学为例

为了使问题的分析与解决更加合情合理,增强研究的科学性与说服力,必须开展实地的调查研究,对研究问题从现实层面进行细致入微的考量。只有通过实地调查研究,才能听到实话、察到实情,实现研究的真正"落地"。德育科学本来就是一门综合性、实践性很强的应用性学科。而且,从本书研究的内容维度来看,大学生道德情感教育研究是一项偏重应用性的课题,因此,本书在理论探讨以外,必须运用实证的研究方法。有鉴于此,笔者在研究之初深入S大学,实地开展调查研究,力争以可靠、翔实的数据论证研究提出的观点。

第一节 研究设计

实证研究的实施过程是指,研究者就某一个问题通过调查问卷、个别或集体访谈、实地观察等方法来深入了解研究对象具体情况的过程。这一过程也即研究者与研究对象之间的互动过程。

一 研究目的

整个实证研究以大学生的道德情感水平,以及大学生道德情感教育的现状为基本出发点和落脚点。通过实证研究，了解被调查者的基本情况，以及大学生道德情感教育的相关情况，从而为研究的进一步深入奠定坚实的基础。

二 调查工具与样本特征

（一）调查工具

本书的调查工具主要包括自编的调查问卷与自制的访谈提纲。

其中，大学生道德情感教育调查问卷，主要围绕S大学对学生进行教育，尤其是德育的各方面情况进行调查，具体包括：学校教育的整体情况，班主任（辅导员）、德育专任教师及其他任课教师开展德育及道德情感教育的具体情况。开放题主要是了解和收集学生对学校的德育，特别是道德情感教育的看法及意见。

本书的访谈提纲设计为半结构型，包括针对学生的访谈提纲和针对教师的访谈提纲。其中，学生的访谈提纲，主要涉及学校的思政课教学、各类型教师、学校环境等对学生道德发展的影响、学生实践活动的开展情况、师生关系，以及学生对学校开展道德情感教育的看法等；教师的访谈提纲，则主要围绕教师的整体生活情况、学校对学生的道德影响、对学生的总体评价（尤其是对学生道德情感各因子的认识）、师生关系处理，以及对学校开展道德情感教育方面的建议等。

（二）样本特征

本次问卷调查针对S大学在校一至四年级学生，采取发放问卷的形式，共收集了354个有效样本。其中，男女生分别占为40.1%和59.9%；一至四年级学生分别占25.4%、13%、26.6%、35%；文科类、理工类和艺术体育类分别占41%、37.9%、21.2%。

本次访谈主要针对的是个别学生和教师代表。其中，学生方面包括一名大一学生和一名大四学生；教师方面，主要访谈了一名任课老师（兼学生班主任）。

（三）实证研究的实施程序

1. 访谈法

访谈法是指研究者寻访、访问受访者，并且与其进行交谈和询问，从而了解受访人的心理和行为，以收集、建构第一手资料的一种研究方法，其本质上是一种研究性交谈。就访谈进程的标准化程度和研究者对访谈结构的控制程度而言，访谈可分为结构型访谈、半结构型访谈和无结构型访谈三种主要形式。

（1）访谈研究设计

研究目的：深入了解大学生的道德情感及其相关教育的现状与问题，进一步探究问题根源。

研究假设：社会因素、家庭因素、教育因素、自身因素等对大学生道德情感发展具有一定的影响。

（2）选择访谈方法

本书采取半结构型访谈法（又称半开放型访谈法）。在这种访谈中，研究者能在一定程度上控制访谈的结构，但同时也允许受访者积极参与。访谈前，研究者事先制定好访谈提纲，列出研究者认为在访谈中应该了解的主要问题和覆盖的内容范围。列出的问题坚持尽量开放的原则，从而使受访者有足够的余地选择谈话的方向和内容。在使用访谈提纲时，研究者始终保持开放、灵活的态度，访谈的形式可能因人、因具体情境而异。访谈中，访谈者始终处于主动地位，控制着谈话过程，并根据受访者的回答情况不断提出新的问题。

（3）编制访谈提纲（见附录1）

（4）取样

本书主要采取个别访谈的形式，具体包括对S大学在校学生和教师的个别访谈。学生方面，选取了两名大学生进行个别深度访谈，即大一学生丁某和大四学生王某。之所以选取丁某作为访谈对象，是因为她作为新生班长，与学生和教师有较多的接触，而且对中学与大学教育的差异有较为深刻的体会。选取王某作为访谈对象，主要是基于他四年来一直担任学生会干部，有很多参与学生工作的经历，接触的学生与教师面比较广，数量也较多。所以，对学生、教师，以及学校德育开展情况的了解相对来说比较全面和深刻，而且也能与大一的学生丁某形成某种对比，从而发现随着年龄的增长，其在思想认识上发生的变化；教师方面，则选取一名任课教师兼学生班主任（Y老师）进行个别深度访谈。之所以选取Y老师作为访谈对象，主要是因为笔者与Y老师比较熟悉，而且Y老师有五年的班主任工作经历，对学生的道德现状、学校的德育工作，以及学校的规章制度等各方面的体认比较全面和系统。因此，通过对他的访谈，能保证笔者获得比较真实可靠的信息。

（5）准备相关设备

访谈之前，准备好纸、笔、录音笔等相关设备。

（6）预访谈

为了便于发现在研究设计时未考虑周全的问题，以及研究程序中存在的一些技术性问题，比如怎样控制受访者的"走题"现象等，笔者在正式访谈开始之前进行了预访谈，并对访谈提纲进行了修改完善。

（7）正式访谈

为了提高访谈的效率和质量，访谈过程中笔者尽量做到以下几点：a 向访谈对象认真介绍访谈内容；b 获取访谈对象的信任（志愿原则、保密原则）；c 促使访谈对象积极讨论；d 控制访谈的时间和节奏。正式访谈过程中，笔者制作了表格，以方便记录与整理。（具体访谈过程见附录3）

（8）统计

正式访谈之后，笔者将录音转换成文字材料；之后仔细浏览整理撰写的文字材料，并进行系统深入的分析，努力挖掘文字背后的深层内涵。

2. 问卷法

问卷法又称问卷调查法，是指调查者运用统一设计的问卷向被选取的调查对象了解情况或征询意见的调查方法。问卷法可以作为独立的收集研究资料的方法，其在社会调查研究中发挥着非常重要的作用。

（1）编制大学生道德情感教育问卷（见附录2）

（2）问卷法的具体实施阶段

主要包括问卷的印发、发放和搜集。本书选取S大学的大学生作为研究对象，共发放调查问卷450份，收回387份，回收率为86%，整理、除去无效问卷，如填写不全，字迹凌乱，理解错误等之后的有效问卷为354份，占收回问卷总数的91%。

（3）总结阶段

在调查问卷回收整理之后，使用EXCEL和SPSS 19.0软件系统对数据进行处理与统计分析。

第二节　研究结果与分析

调查研究对象是在S大学范围内随机抽取得到的样本。经过SPSS 19.0软件的统计分析，得到了以下关于调查样本的总体描述。从统计分析的结果不难看出，调查对象覆盖了大学生道德情感的基本信息，覆盖面广，具有代表性。

一　研究结果

在调查样本中，女生212人，男生142人，女生多于男生。一方面，这种性别分布基本符合当前S大学的实际；另一方面，在进行文本分析的时候，基本不涉及性别差异的因素。

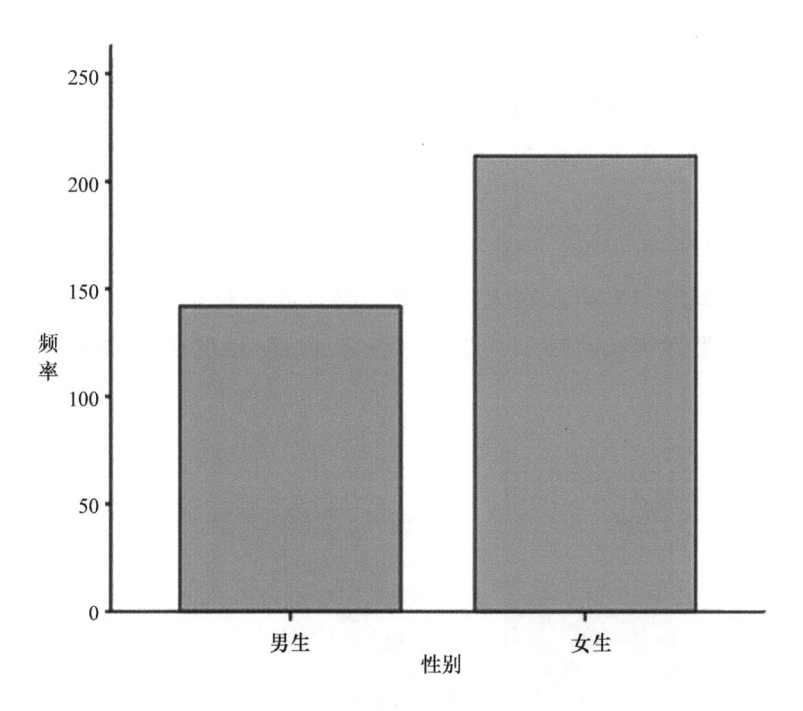

图 1.1 调查对象性别分布

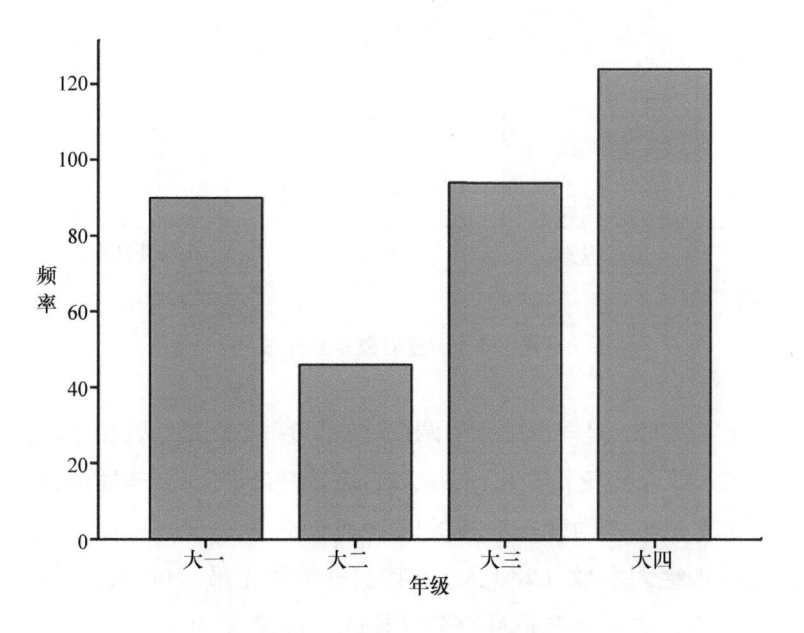

图 1.2 调查对象年级分布

从年级分布来看，样本的年级分布遍布了大一至大四四个年级。而且，大四学生相比其他年级的学生略多，这对于本书来说，四个年级的调查对象能更全面、准确地反映 S 大学整体的道德情感教育情况。

从专业分布来看，调查对象涵盖了学校的所有专业学科，其中文科类与理工类学生人数大体一致，占了调查对象的绝大多数，而艺术体育类学生相对较少，这也符合普通综合性院校的专业分布。

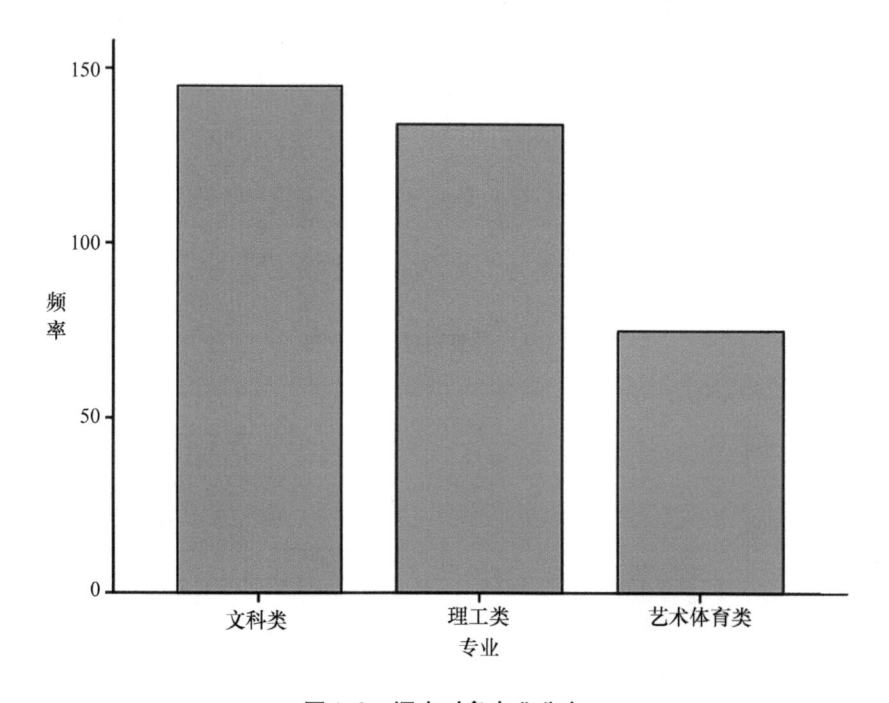

图 1.3　调查对象专业分布

图 1.4 说明的是样本总体中调查对象职务的分布。从表中可见，非学生干部人数远远多于学生干部人数，这是符合学生的一般情况的。

图 1.5 是样本中调查对象的政治面貌分布情况。从图中可以看出，团员占绝大多数（280 人），其次是学生党员（60 人），群众最少（14 人），这一分布也是符合学校的一般情况的。

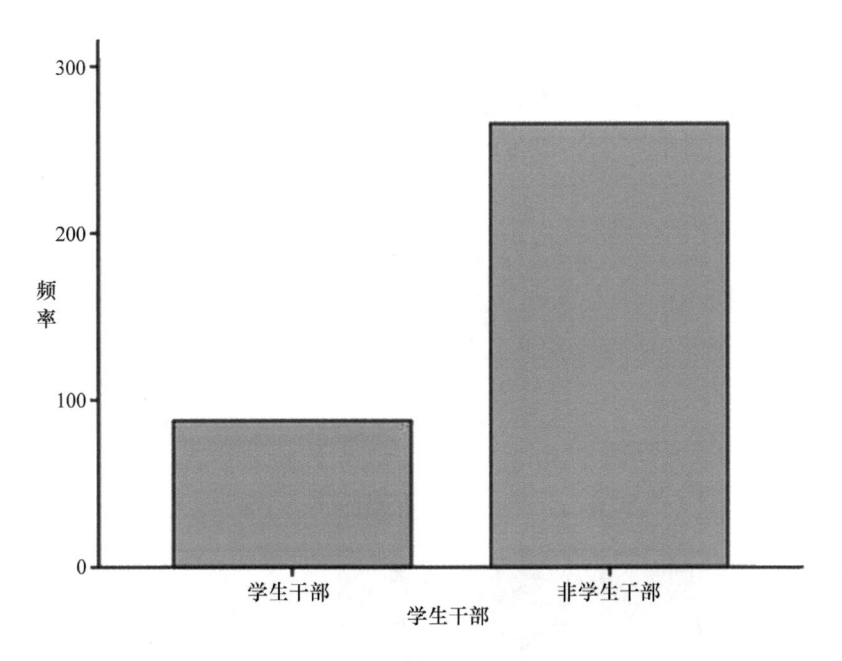

图 1.4　调查对象学生职务分布

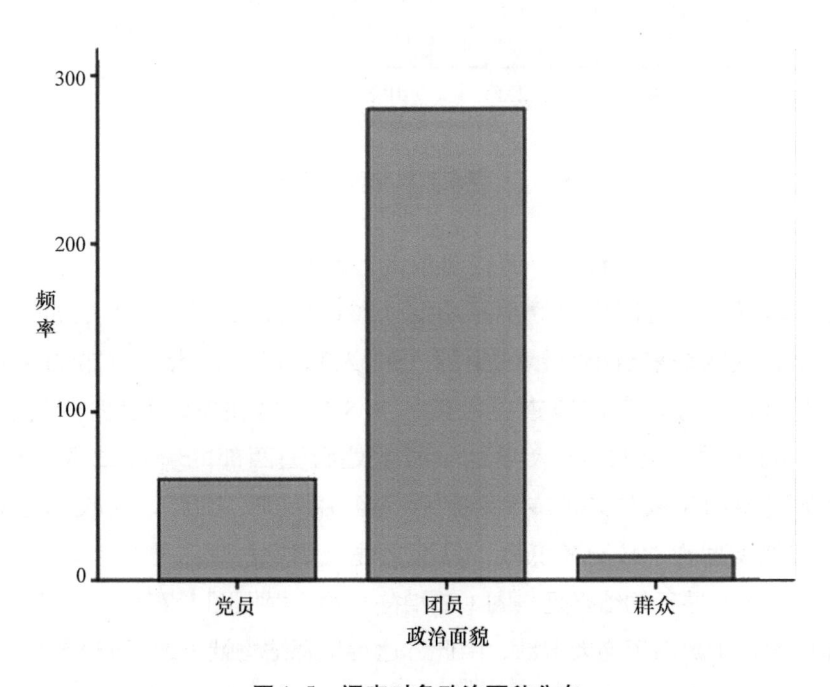

图 1.5　调查对象政治面貌分布

图 1.6 反映的是样本总体中学生成绩的分布情况。从表中可见，成绩良好学生的人数最多，差不多占总人数的一半，其次是成绩优异与成绩中等的学生，最少的是中下等和下等成绩的学生。

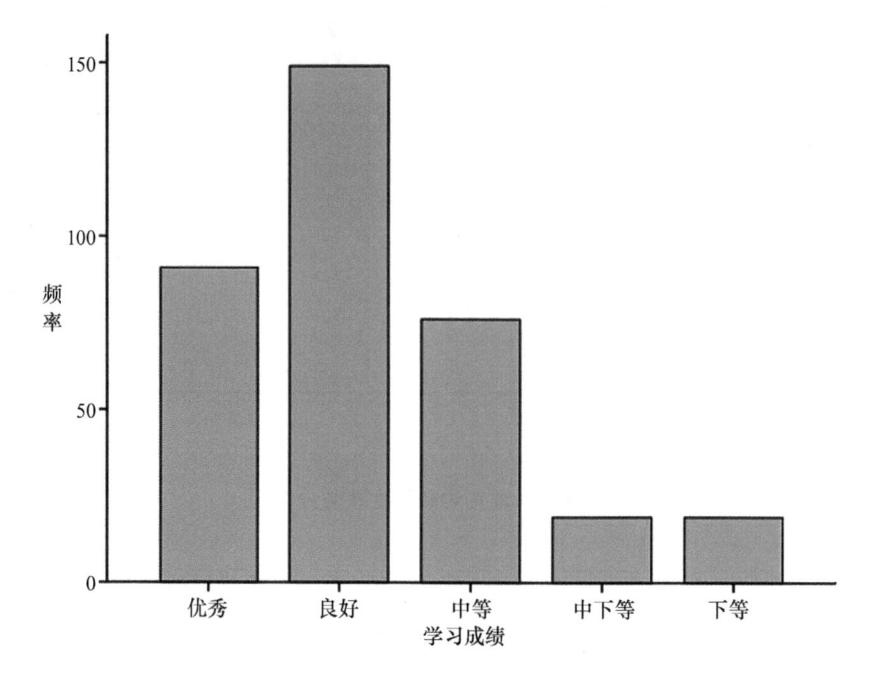

图 1.6 调查对象学习成绩分布

从图 1.7 可以看出，调查对象的生源所在地基本上覆盖了全国各个区域，而且以农村的生源为主（231 人），占调查总人数的一半以上，其次是来自小城镇的生源（92 人），而来自大中城市的生源最少（31 人），仅占调查总人数的 8.8%。这在一定程度上是由 S 大学的性质决定的。S 大学是一所地处我国西部的普通二本院校，由师范专科学校与其他专科院校转型合并而成，因此，在收费方面较其他类型的学校更为低廉，从而更能吸引农村地区的学生。

图 1.8 显示的结果是与图 1.7 相符合的。根据图 1.7 可见，调查对象中农村生源占了绝大多数，由此，这种生源结构就决定了调查对象中非独生子女的比例必然比较高（295 人），而独生子女仅有 59 人。

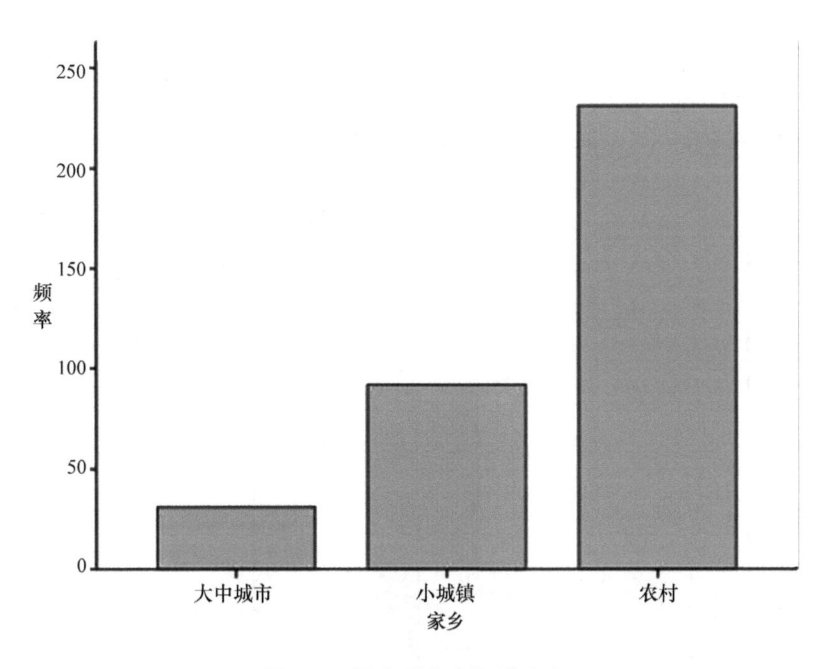

图 1.7　调查对象生源地分布

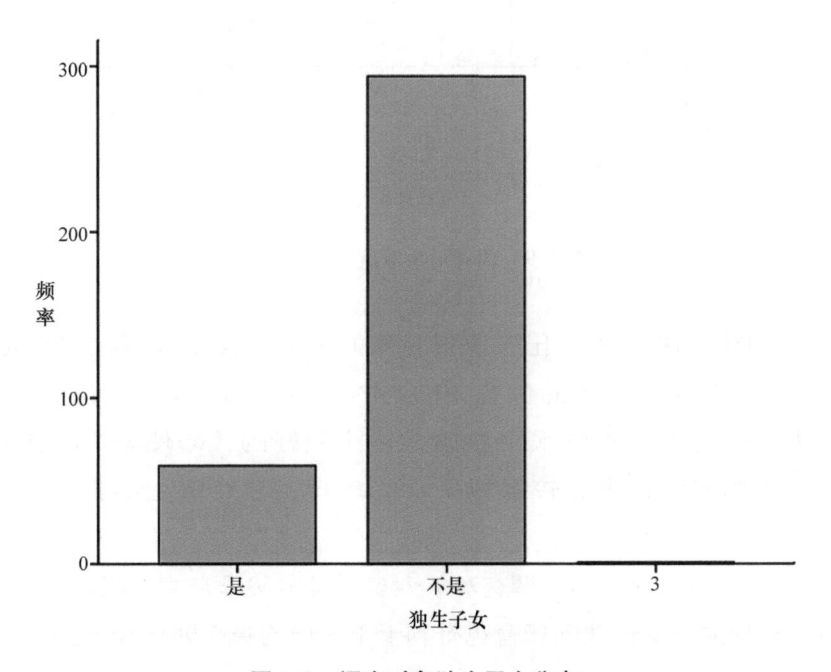

图 1.8　调查对象独生子女分布

图 1.9 显示的结果与图 1.7 形成了呼应。由于大多数调查对象来自农村家庭，因此在其家庭经济情况的分布上，很大一部分都来自于中低等收入或是无固定收入家庭。

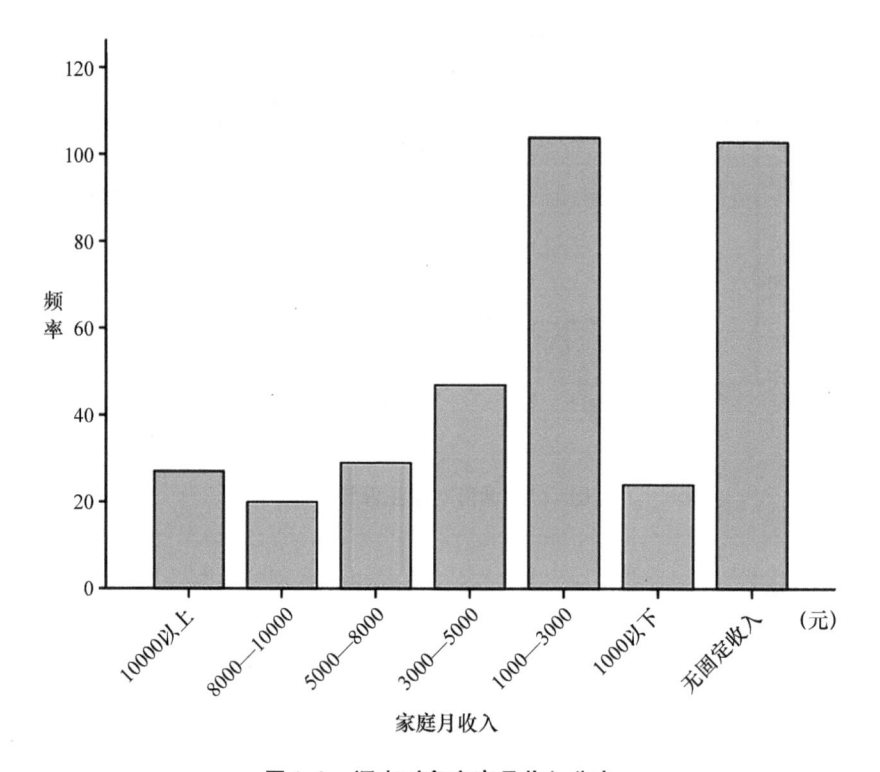

图 1.9 调查对象家庭月收入分布

从图 1.10 不难看出，调查对象的个人月支出大多在 800 元/月以上，500 元以下的仅有 30 余人。这在一定程度上说明，当今大学生的生活质量水平总体上是比较好的，即使是中低等经济收入的家庭，也比较重视子女的教育，在经济上尽量满足他们的需求。

从图 1.11 反映出，调查对象大多都是由父母亲共同抚育，这是符合常理的。父母共同抚育也有利于下一代的身心健康成长。

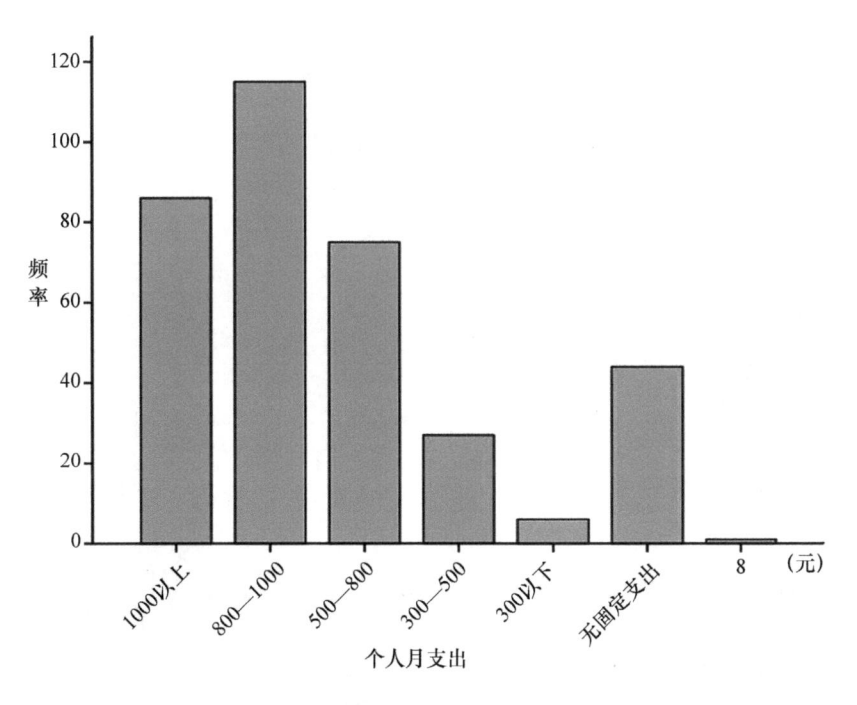

图 1.10　调查对象个人月支出分布

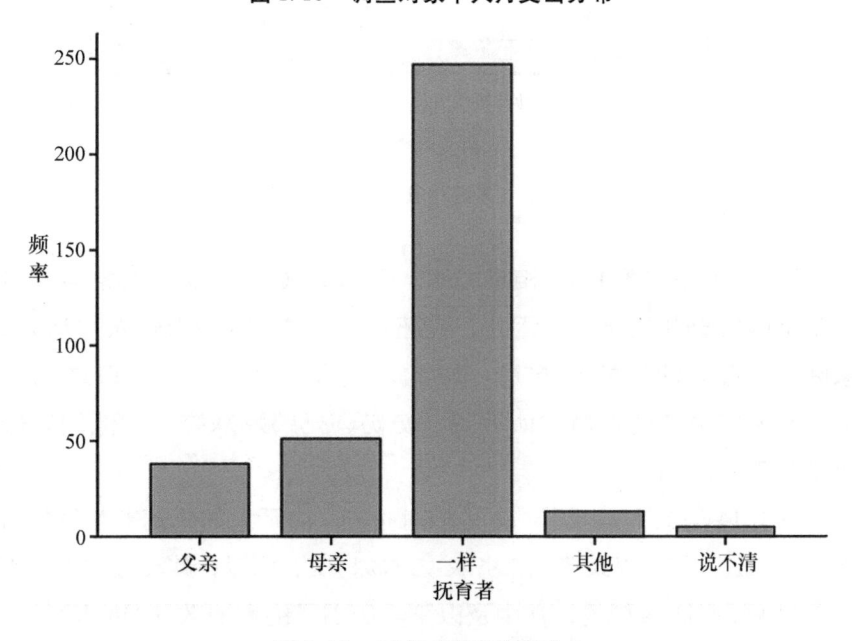

图 1.11　调查对象抚育者分布

图 1.12 也是与图 1.7 相对应的。调查对象中，绝大多数学生来自农村，这就决定了其父母的职业大多为务农或是进城打工，其次是从事管理、商业、或服务业，最少的职业是教师及科研人员，仅有 16 人。

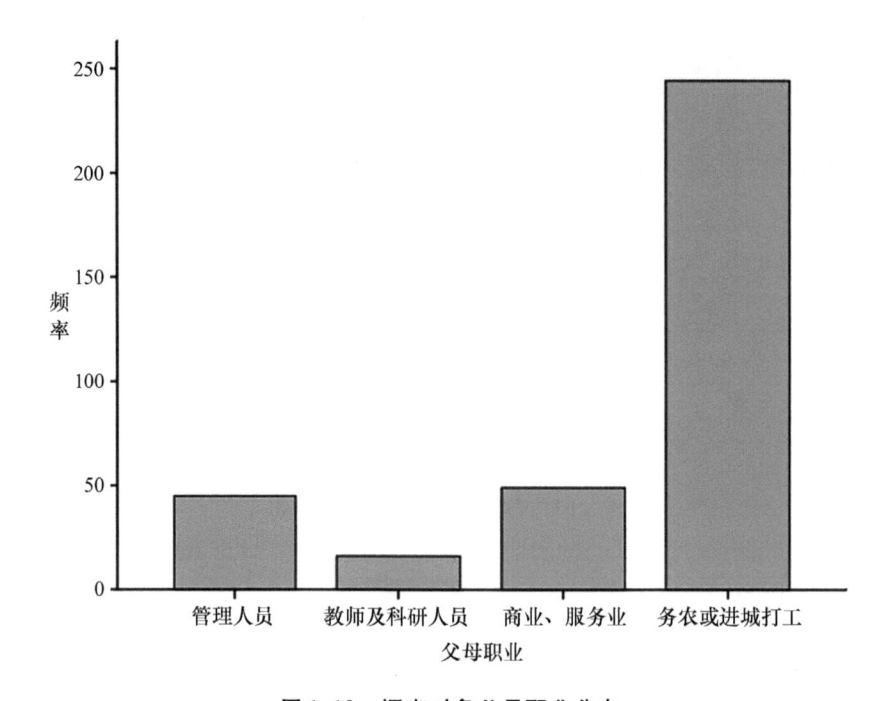

图 1.12 调查对象父母职业分布

图 1.13 是与图 1.11 相呼应的。图 1.13 显示，调查对象中大多数都是由父母共同抚育，因此，有超过一半的学生（190 人）认为，家庭中父母对他们的影响是一样的，其次分别是父亲、母亲的影响。而家庭中其他人员，如爷爷、奶奶、兄弟姊妹等，对他们的影响是微乎其微的。

图 1.14 与图 1.7、图 1.12 是相对应的。由于大部分调查对象来自于农村家庭，其父母大多在家务农或进城打工，所以，其父母的文化水平相对来说是比较低的，初中及以下学历占了绝大多数（248 人），而大学及以上学历仅有 36 人，仅占调查总人数的 8.8% 和 1.4%。

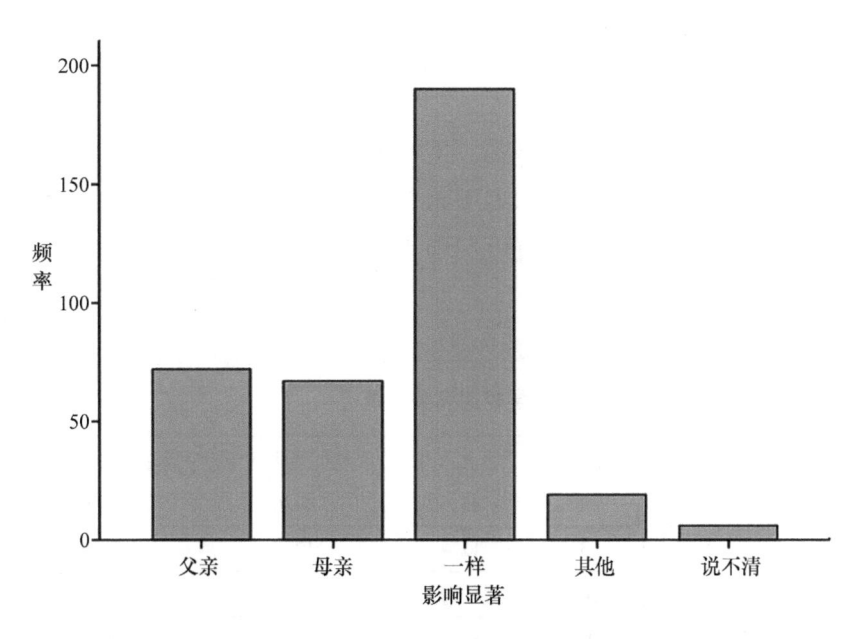

图1.13 调查对象父母等影响显著分布

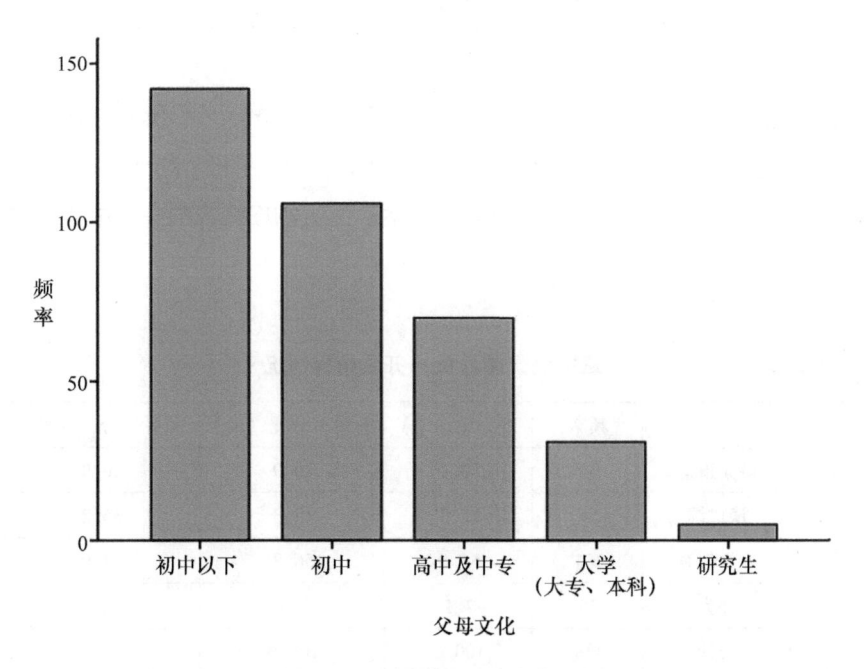

图1.14 调查对象父母文化分布

二 分析与讨论

从表 2.1 的统计结果来看，S 大学在开展德育的过程中，最重视道德知识的教育，以"以理服人"为主，其次也比较看重道德行为的践履。相对而言，德育过程中学生道德情感与道德意志的培养与激发较为欠缺。

表 2.1　　　　　　　　学校德育整体情况

		频率	百分比（%）	有效百分比（%）	累计百分比（%）
有效	晓之以理	158	44.6	44.6	44.6
	动之以情	45	12.7	12.7	57.3
	炼之以意	36	10.2	10.2	67.5
	导之以行	115	32.5	32.5	100.0
	合计	354	100.0	100.0	

从表 2.2 的统计结果来看，班主任（辅导员）作为学校德育工作的重要承担者，在对学生开展道德教育的方法上，绝大部分能做到以启发教育为主，这是值得肯定的。但也仍然存在一些讲大道理、主要谈成绩等现象。

表 2.2　　　　　　　班主任（辅导员）开展德育情况

		频率	百分比（%）	有效百分比（%）	累计百分比（%）
有效	讲大道理	74	20.9	20.9	20.9
	谈成绩	54	15.3	15.3	36.2
	启发教育	201	56.8	56.8	92.9
	批评为主	25	7.1	7.1	100.0
	合计	354	100.0	100.0	

从表2.3的统计结果来看，56.5%的学生认为，任课教师（非正式德育课程教师）除了专业课程的教学，还在课堂上履行了对学生进行道德教育的职责，有超过20%的学生认为，任课教师在课外对他们的道德施加了影响，这也是值得肯定的。

表2.3　　　　　　　　任课教师对学生进行德育情况

		频率	百分比（%）	有效百分比（%）	累计百分比（%）
有效	课堂中进行	200	56.5	56.5	56.5
	课堂外进行	71	20.1	20.1	76.6
	只关心教学	55	15.5	15.5	92.1
	只对少数人进行	28	7.9	7.9	100.0
	合计	354	100.0	100.0	

从表2.4的统计结果来看，大部分学生认为，学校在对他们进行道德培养方面最大的不足是教育模式的呆板僵化（40.1%），以及没有确定学生的主体地位（30.2%）。另有18.6%的学生则认为最大的不足是德育内容与时代脱节，还有11%的学生认为，学校对道德教育的重视程度不够是最大的问题。

表2.4　　　　　　　　道德培养方面的最大不足

		频率	百分比（%）	有效百分比（%）	累计百分比（%）
有效	学校重视不够	39	11.0	11.0	11.0
	内容与时代脱节	66	18.6	18.6	29.7
	教育模式呆板僵化	142	40.1	40.1	69.8
	没有确立学生主体地位	107	30.2	30.2	100.0
	合计	354	100.0	100.0	

从表2.5的统计结果来看，大部分学生（54.8%）认为，父母

对他们的道德影响是最大的,其次是自己的社会实践与体验、媒体和网络的影响,只有5.6%的学生认为,教师的教育和指导是对自己道德发展水平影响最大的因素。这一方面说明了家庭教育、社会实践及媒体网络对学生道德发展的重要性,另一方面无疑也反映了学校在德育方面存在的不足。学校德育理应有所作为,从而对大学生的道德发展施加更系统、更全面、更积极的影响。

表2.5　　　　　　　　　　道德影响方式

		频率	百分比（%）	有效百分比（%）	累计百分比（%）
有效	父母	194	54.8	54.8	54.8
	媒体和网络	48	13.6	13.6	68.4
	教师	20	5.6	5.6	74.0
	自己的实践体验	92	26.0	26.0	100.0
	合计	354	100.0	100.0	

从表2.6的统计结果来看,S大学在对学生进行道德情感教育方面,主要通过班团活动及举办相关专题讲座来渗透,但仍有个别学生（12.7%）认为,学校在开展道德情感教育方面没什么安排,这可能与相关活动及讲座的参与面过于狭窄有关。

表2.6　　　　　　　学校开展道德情感教育的主要途径

		频率	百分比（%）	有效百分比（%）	累计百分比（%）
有效	开设专门课程	43	12.1	12.1	12.1
	举办专题讲座	127	35.9	35.9	48.0
	班团活动渗透	139	39.3	39.3	87.3
	没什么安排	45	12.7	12.7	100.0
	合计	354	100.0	100.0	

从表 2.7 的统计结果来看，S 大学的班主任（辅导员）大多有较强的对学生进行道德情感教育的意识，只是在"有无利用专门时间"这一点上存在差别。19.2% 的学生认为，班主任（辅导员）没有太多对学生进行道德情感教育的意识。这表明：班主任（辅导员）是学校开展道德情感教育的主力军，但仍然存在一些不足，应通过努力做到道德情感教育的经常化、普及化，尽量让所有大学生都感觉到班主任（辅导员）对他们道德情感的关注与重视。

表 2.7　　　　班主任（辅导员）开展道德情感教育情况

		频率	百分比（%）	有效百分比（%）	累计百分比（%）
有效	利用专门时间	42	11.9	11.9	11.9
	没有专门时间	114	32.2	32.2	44.1
	培育意识较强	130	36.7	36.7	80.8
	培育意识较弱	68	19.2	19.2	100.0
	合计	354	100.0	100.0	

从表 2.8 的统计结果来看，有一半的学生认为，德育教师在教学过程中渗透了对他们道德情感的教育，但仍有 29.7% 的学生认为，道德情感教育不常开展，还有 8.8% 的学生认为，德育教师基本上没有渗透道德情感的教育。可见，教师在对学生进行道德情感教育方面还有待进一步完善，以实现道德情感教育的常态化，从而把德育真正落实到位。

从表 2.9 的统计结果来看，绝大部分学生（82.8%）认为学校进行道德情感教育是有必要的，14.4% 的学生认为没有必要。另外，还有 2.8% 的学生表示对是否有必要开展相关教育不清楚。这就表明：大部分学生对道德情感，以及道德情感教育的重要性与意义是比较认可的。而对于那些认为没有必要，或表示不清楚的学生，学校则要通过各种形式的教育途径，让他们从理论上和实际行动中，认识到道德情感对于道德发展与人格完善的重要价值与深远意义，并进一步转化为他们内心的一种强烈的道德需要。这也是顺利开展道德情感教育的基本心理前提。

表2.8　　　　　　　德育教师开展道德情感教育情况

		频率	百分比（%）	有效百分比（%）	累计百分比（%）
有效	经常开展	41	11.6	11.6	11.6
	不常开展	105	29.7	29.7	41.2
	在教学中渗透	177	50.0	50.0	91.2
	基本没有渗透	31	8.8	8.8	100.0
	合计	354	100.0	100.0	

表2.9　　　　　　　学校开展道德情感教育的必要性

		频率	百分比（%）	有效百分比（%）	累计百分比（%）
有效	很有必要	138	39.0	39.0	39.0
	有一定必要	155	43.8	43.8	82.8
	没有必要	51	14.4	14.4	97.2
	不清楚	10	2.8	2.8	100.0
	合计	354	100.0	100.0	

第四章

大学生道德情感问题归因

大学生，作为"现实的人"，其"本质不是单个人所固有的抽象物，在其现实性上，它是一切社会关系的总和"①。通过对 S 大学的实证研究，我们可以管中窥豹，得出结论：当前我国大学生的道德情感及其教育现状不容乐观。辩证地分析，大学生之所以出现道德冷漠等道德情感缺失的诸多问题，是各方面因素造成的。这就要求我们在了解外部现象的基础上，多维度、多层次进行归因性分析，找到问题的症结所在。归纳起来，探寻大学生道德情感问题的根源，既要回归宏观的历史文化传统，又必须立足于当前的社会现实，尤其需要回到微观具体的教育实践之中。

第一节　情感与理智的较量：基于历史文化传统的维度

无论是西方的道德理性主义倾向，还是中国基于自然亲情的传统道德观，都对当下大学生的道德情感及其教育现状构成了外在与

---

① ［德］马克思、恩格斯：《马克思恩格斯选集》（第 1 卷），中共中央马克思恩格斯列宁斯大林著作编译局译，人民出版社 1995 年版，第 56 页。

内在的潜在影响。因此，在探讨大学生道德情感问题的根源上，基于历史文化传统的维度，是开展研究不可回避的基本进路。

一　西方的道德理性主义倾向

从古至今，"道德的基础是什么"这个问题一直以来都颇受人们争议。从伦理学史来看，很多道德哲学家们对此有过诸多不同的回答。具体来说，在西方，尚知主义的传统根深蒂固，理性主义伦理学一直占据着重要地位。西方伦理学家普遍相信，人性本恶，善只能来自于人性以外的某种东西，即知识。因此，求真与求善，这二者是一致的。苏格拉底提出的"美德即知识"这一命题就标志着道德理性主义传统的开端。基于此，伦理学家们认为，通过科学的逻辑手段，可以达到道德至善。因此，这是一种道德问题上的科学决定论。具体有三种主要的表现形式，即古代伦理学的知识论倾向，近代伦理学的认识论倾向，以及现代伦理学的科学化倾向。

从古希腊开始，西方哲学就以"爱智"，即求知求真为主题。"哲学"的最初本意即"爱智慧"。在那个时期，哲学与科学是紧密联系的，"哲学在古希腊罗马起源时就想成为'科学'……想成为理性的知识"[1]。在希腊人看来，道德必有依赖于知识，没有知识就没有德性。所以，"把美德视为知识的见解是一种本质上的希腊的思维方式"[2]。譬如，苏格拉底就认为，理性是人的本质，并以此为出发点探求人的德行和善，从而开创了西方理性主义伦理学的传统。"美德即知识"是苏格拉底提出的一个理性主义伦理学命题；柏拉图对苏格拉底的思想做了系统的阐述，实现了人的理性和德性的本体论化。在他看来，世界的本原是作为具体事物抽象概念的理念，善来自"善的理念"，智慧就是理性的美德，理性不仅是德性

---

[1] [德] 埃德蒙德·胡塞尔：《欧洲科学危机和超验现象学》，张庆熊译，上海译文出版社1988年版，第77页。

[2] [德] H. 赖欣巴哈：《科学哲学的兴起》，伯尼译，商务印书馆1991年版，第45页。

的根据，而且是国家的正义得以实现的关键。他完全反对人的感性欲望，认为感性是认识理念的障碍；亚里士多德则提出了"人是理性的动物"这一命题。他把人的灵魂分为理性与非理性两部分。相应的，人的德性也分为理智德性和伦理德性，并且，他相信："理智德性高于伦理德性。"① 在亚里士多德看来，理性的生活是最幸福的生活，理智的德性是最完满的德性，理智德性是伦理德性的"准绳"。此后，犬儒学派和斯多葛学派都主张用理性对人的自然情欲进行控制。

到了近代，自然科学不断发展，哥白尼的"太阳中心说"宣告了近代自然科学的独立，牛顿力学成为科学和理性的象征，"科学，而非生活，成为哲学的主题，而认识论则成为其中心部分"②。人们普遍从知识的王国中寻找善的根源，伦理学也表现出了认识论的倾向，并形成了经验主义伦理学和唯理论伦理学两个派别。在理性和情感的关系上，经验主义伦理学家认为，理性是情感的主人。譬如，培根提出"知识就是力量"的命题，在他看来，知识是善的基础和来源。霍布斯则把人比作机器，认为，道德完全可以用机械力学原理加以解释；洛克强调，道德原则不是自明的，需要通过推论、考察才能发现；唯理论伦理学又可分为唯理主义唯理论伦理学和唯心主义唯理论伦理学两种。其中，唯物主义唯理论伦理学家斯宾诺莎虽然看到了情感的力量，认为每个人都是从自己的情感出发进行善恶评价，但他并不认为所有的情感本身都是善的。所以，他断言：人应当成为情感的主人，只有用理性控制自己的感性欲望，才有可能成为有德性的人。他的《伦理学》一书就完全采用几何学的阐述方式；唯心主义唯理论伦理学家笛卡尔和莱布尼茨认为，只有运用理性认识能力进行准确无误的推理，才能理解道德；笛卡尔

---

① ［古希腊］亚里士多德：《尼各马科伦理学》，苗力田译，中国社会科学出版社1999年版，第232页。

② ［美］理查德·罗蒂：《哲学和自然之镜》，李幼蒸译，商务印书馆2004年版，第48页。

提出"天赋观念说"。在他看来，一切概念、信念都要经受理性的审定，理性支配感情、意志支配欲望就是德。莱布尼茨则试图用数学来理解道德秩序。

到了现代，人们进一步在知识中寻找善的本源，反映在伦理学上，科学化成了主要倾向，并诞生了元伦理学。元伦理学与传统的，为人们道德行为制订和提供各种原则、规范，并借助于形而上学或经验科学方法来确证这些原则、规范的正当性与合理性的规范伦理学不同，它立足于严密的逻辑论证，运用科学的研究方法对伦理学的相关概念、判断及命令表达的逻辑关系、功能进行分析，研究伦理学的语言、语词的意义，试图建立起"科学的伦理学"。如摩尔就认为，伦理学要成为一门严格的科学，应当追求具有普遍性、必然性的知识。科学伦理学的任务不是指导现实，而是为伦理判断提供理由。在他看来，怎样给"善"下定义，是全部伦理学中最根本的问题；① 现代自然主义伦理学派的代表人物杜威，则从进化论和经验论出发，认为道德科学和自然科学二者之间并不存在不可逾越的鸿沟，任何道德决断都必须来自于经验；以塞拉斯、拉蒙特为代表的，人道主义的自然主义伦理学家则宣称，作出道德决定靠的是利用尽可能接近科学方法的理性，而不是任何权威或直觉。他们普遍相信，真正的伦理科学是可能，并且一定会建立起来的。

总体而论，西方伦理学高度重视科学知识在道德判断中的重要性，往往把伦理道德精神与理性精神等同起来，道德情感则作为道德理性的对立面，在道德中的作用不断式微。

二 中国基于自然亲情之上的传统道德观

中国传统文化在本质上是一种以伦理道德为核心的文化，中国传统伦理的最终目的也就在于建立起一个合理的道德社会。而且，国人进行道德教化也已有几千年的历史。然而，不幸的是，这种努力却并

---

① ［英］乔治·摩尔：《伦理学原理》，长河译，商务印书馆1983年版，第11页。

没有换来一个充满德性的现代社会。林语堂就曾感慨:"如果道德教化还有一点点用处,那么中国今天就应该是一个圣人与天使的乐园了"①;邓晓芒更是坦言:"中国传统文化以'道德'为核心,但那最终归宿,却恰好是'非道德'"②。学者们的上述言论意味深长,发人深省。为了更好地重建当前中国社会的道德体系,我们必须正面回应这个问题,即:为何中国传统社会几千年的道德教化,换来的却是当下响彻一片的关于公民道德滑坡的责难与讨伐?要回答这个问题,我们必须回归传统,对传统道德文化进行深刻地反思。

与西方伦理学家不同,中国传统思想家在寻找道德基础的过程中普遍认为,人性本身就为善。因此,"性善说"为善找到了人性的根基。然而,历史表明,中国传统的性善说,并没有成功地把人们引到求善的道路上。仔细分析,这其中最根本的缘由就在于,传统性善说中的"善"存在着极大的局限性,它仅指源于人性自身的天然血缘亲情。

此外,"仁"作为中国传统文化的珍贵遗产,也是其最有代表性的、含义最广的一个道德范畴。所谓"仁",是指从自然的"亲亲之爱"辐射出去的一种伦常之情。"为仁之方"就在于推己及人,所以,传统思想家们就认为,基于血缘关系之上的"亲亲之爱"能够不断向外扩散,由"亲亲"到"仁民",由"孝悌"到"泛爱众"。但不容忽视的是,天然的血缘亲情有其固有的相对性和有限性,它属于人的一种低层次的本能。而这种相对性和有限性,是远不能担当起以自由性、超越性和普遍性为基本特点的道德情感之重任的。

然而,自孔子开始,中国人就试图用"礼"把自然的血缘亲情进一步超越提升为普遍的道德情感。而中国的天然人伦之情本身就和礼制紧密相连。因此,随着礼制的趋于僵化,这种自然人伦之情也就逐渐失去了它应有的感受性,并演变成了抽象的道德戒律与空洞的道德

---

① [美]林语堂:《中国人》,郝志东等译,学林出版社1994年版,第210页。
② 邓晓芒:《灵之舞——中西人格的表演性》,东方出版社1995年版,第20页(注2)。

说教，并且进一步走向了图式化和非情感化。就正如韦伯所说的："一个儒教中国人的义务，其内容总是对具体的人、由于既定而对自己亲近的人尽孝道，但从来不对一个超世的上帝，也就是说，从来也不对某一神圣的'事业'或'观念'善尽恭顺之道。……它的戒律是'虚无'，而非'行动'。"① 此外，赵汀阳对传统儒家建立在自然亲情上的道德观也有一段很贴切的描述："尽管儒家伦理所选择的情感基础有一些是很恰当的，如'亲亲'，但一旦把基本情感固定为某些永远的规范，再好的东西也变质了，至少变得非常苍白贫乏，偏激扭曲，本来自然的也变得不自然了，情感如果化为规范就不再具有自然的魅力和活力，而变成机械的狭隘的习惯，即使往好处说，特定规范也至多是情感的一种可能性的表达，是不可能恰当全面地反映情感的。后来的儒家就这样变得令人厌烦起来，它要求人们使劲反省，把丰富多彩的心灵反省成干巴巴的规范，还以为那就是良知，其实连活生生的心都没有了，哪还有什么良知？"②

换句话说，中国传统道德在一定程度上是一种概念化的道德，而这种概念化的道德与人的道德情感必然存在严重的对抗性。因为，它强调道德规范的绝对价值，而取消自我意志的主体地位。所以，传统道德是他律的而不是自律的，它不再是情感的自然表达，而是成为了与人的鲜活生命相抗衡的抽象实体或是道德玄谈。日本学者五来欣造就宣称："在儒家，我们可以看见理性的胜利。"③

于是，在这种缺乏情感的概念化道德的规约之下，原本"人情味"很浓的中国人，开始变得麻木不仁，逐渐丧失了对道德情感的敏感性。也正是这种对抗性，使得一直以来以道德立国，讲究仁义礼智信的中国社会，非但没有建立起一个真正的道德家园，相反却成为了传统文化难以自新的内部根源，并进一步导致了道德"乌托

---

① ［德］马克斯·韦伯：《儒教与道教》，洪天富译，江苏人民出版社1995年版，第265页。
② 赵汀阳：《脑袋、书本及其它》，百花文艺出版社2008年版，第146—147页。
③ 梁漱溟：《中国文化要义》，上海人民出版社2005年版，第98页。

邦"的产生与发展。因而，我们可以做出如是判断：中国人最为欠缺的其实并不是道德，准确地说，缺乏的应该是更高层次的丰富的道德情感。

通过对中西传统伦理道德观的分析，不难看出，它们本身都存在固有的缺陷性。诚如有学者所说的，西方伦理学在人之外寻找道德的基础，必然难以找到道德的真正基础；而中国传统伦理学虽然从人的本性来定位善，但由于误解了道德情感的含义，所以也不可能对道德的真正基础进行准确定位。[①] 可以说，中西传统伦理学的这种缺陷，在一定程度上也构成了道德情感问题的历史根源。同时，也给当下的学校道德情感教育提供了经验教训，并进一步指明了学校德育改革与发展的方向。

时至今日，我们必须坚信一点：道德本质上是属人的，而人不仅仅是一种客观的物质存在，更是一种主观的精神与情感的存在。所以，真正的道德不能仅停留在认识或理性层面，它需要以人的独立的、自由的情感为逻辑起点。而这种独立自由的情感不仅凸显了人性的崇高，更对人的道德主体性给予了极度地推崇。显然，我国当下的社会道德重建和学校德育，需要从批判传统道德的概念化或理性化入手，实现道德向自由情感的回归，以及德育向道德情感的回归，进而培养出大批具有崇高道德情感和人格魅力的时代新人。因此，培育道德情感，就是要还道德以自由，从而把被理性剥夺了的，作为道德本质的自由感受和生命情感重新还给人。

第二节 道德相对主义的流行：
基于社会现实的维度

社会属性是人的基本属性。可以说，人之所以为人，不在于他

[①] 参见李家莲、高静《打开伦理学的情感之门》，《黑龙江教育学院学报》2014年第1期。

自身，而在于社会，社会对人的影响不容忽视。马克思就指出："人的本质不是单个人所固有的抽象物，在其现实性上，它是一切社会关系的总和。"① 对于人类的道德情感而言，它同样是社会现实作用于人的产物。人类的情绪，产生于其自然的适应性同社会连结的综合，是生活于其中的自然环境与社会环境对具体的人发生影响的交织。可以说，一个社会基本的价值观念、伦理道德及人的情感，归根到底，都是建立在社会现实的经济生活基础之上的。因而，要追究当前的社会道德，以及人的道德情感问题的根源，除了从历史文化和传统伦理的层面去考虑，还必须回到现实的社会经济生活之中。

同时，道德又是一种不断变化、发展的历史现象，在不同历史时期和社会形态，道德的内涵和外延都有所不同。当下，多元的社会经济结构，使得道德的存在方式从根本上发生了深刻的变化，价值取向日趋多样，统一的道德观逐渐式微。道德被重新定义，它不再是人类社会共同的道德，而是多元化的道德。在如是背景之下，人们不再依赖于某种共同的道德情感和道德信仰，公共道德不断沦丧，从而导致道德相对主义的盛行。道德相对主义不仅带给现代社会以巨大的冲击，而且发展成为一种社会思潮，对学校德育造成了不可小觑的影响，并构成了大学生道德情感缺失的一大思想要素。

一 道德相对主义在我国的滋生蔓延

受全球化的影响，我国正处于全方位的社会转型期，即从农业的、乡村的、封闭的、半封闭的传统型社会向工业的、城镇的、开放的现代型社会的转型。社会的流动性和开放性日益增强。反映在文化层面，就表现在文化生态的日趋多元。多元文化已成为当前中

---

① [德] 马克思、恩格斯：《马克思恩格斯选集》（第1卷），中共中央马克思恩格斯列宁斯大林著作编译局译，人民出版社1995年版，第60页。

国社会的主要特征。而文化的核心是价值观，因此，多元文化必然导致价值观的多元化。加之社会的日益信息化，使得信息传播的主体愈来愈大众化与个人化，价值取向传播也日趋"多源"和"多歧"，从而对"价值冲突的频起、凸显、泛布与强化，继而对多元价值的共存乃至价值多元社会的形成起着推波助澜的作用"①。在如是背景之下，道德相对主义盛行于世，并"在理论上被普遍接受"②。在这一思想催化剂的麻痹之下，人们往往热衷于从相对主义的哲学视角分析和探讨多元的社会现实，特别是道德问题。

所谓道德相对主义，就是主张道德的相对性和易变性，认为不存在普遍永恒的道德标准与原则，进而否定了道德与价值观相互比较的可能性。具体而言，道德相对主义把个人视为道德标准的制定者与评判者，极度推崇道德及其价值的个体化与相对性。

20世纪80年代改革开放以后，在国内外多种复杂因素的影响之下，道德相对主义在我国开始产生，并呈现出了不断扩展、蔓延的态势。概括而论，主要源于以下两方面的因素：

（一）现代西方的非理性主义和相对主义道德理论的影响

非理性主义和相对主义道德理论的基本观点，即强调各种非理性因素对人的道德行为具有支配作用，标榜相互冲突的各种道德价值观念同时并存，主张道德的相对性。例如，唯意志论的代表尼采，在宣称"上帝死了"之后，提出"重估一切价值"。他从权力意志（即人的生命力、人的本能）出发，建立起了一种新的道德，即主人道德，认为价值是由自我创造的，"善"和"恶"不是永久的绝对价值，是相对的和可以变换的；存在主义教育家的道德教育理论，则以相对主义哲学为依据，高度重视自我存在的价值，强调

---

① 吴康宁：《教会选择：面对21世纪的我国学校道德教育的必由之路》，《华东师范大学学报》（教育科学版）1999年第3期。
② 戚万学：《冲突与整合——20世纪西方道德教育理论》，山东教育出版社1995年版，第39页。

个人选择的自由。萨特在肯定自我存在的价值，以及道德选择完全受情感支配的同时，重申"选择时用不着参照任何既定的价值"[1]，可以随心所欲。奈勒也大力倡导个人的存在与个人选择的自由，指出应该让学生通过"自己的哲理探讨来获取道德知识和行为准则"[2]。实用主义的代表杜威则宣称，道德判断没有一定的客观标准，并且明确提出"有用即真理"，实用是一切目标理想、原则规范的价值所在，有助于适应环境就是善；反之，即为恶。境遇伦理学家弗莱彻同样认为，善和真理一样，即是有用的东西。在他看来，每个人都是依照自己对条件和后果的判断，来作出最终的道德决断。最终，他得出结论："任何行为……都可能是正当的，一切取决于境遇"[3]。价值澄清学派，其主张的价值澄清教育模式，更是将道德相对主义在学校教育中的运用推向了极致。其代表人物拉思斯就指出，人的价值源于每个人的经验，因此，价值只能是个人的、相对的。每个人都可以按照他自己的价值观行事。英国现代哲学家罗素，把人的善恶观与人的欲望紧密联系，认为大多数人所向往的东西就是善。大多数人所回避、害怕的东西就是恶。所以，他最终得出结论："如果不同宗教、不同社会形态和不同价值体系的差别不消失，道德将永远是相对的，而善与恶的标准也将是相对的。"[4]

可见，道德相对主义的思想有着较为深厚的历史渊源，西方关于道德标准是一元还是多元、主观还是客观、绝对还是相对的讨论一直没有间断。这些讨论及由此形成的道德相对主义社会思潮，为我国道德相对主义的产生提供了一定的理论依据，并最终导致了这一思想在我国的蔓延。

---

① ［法］让-保罗·萨特：《存在主义是一种人道主义》，周煦良等译，上海译文出版社1980年版，第25页。
② 陈友松：《当代西方教育哲学》，教育科学出版社1982年版，第104页。
③ ［美］约瑟夫·弗莱彻：《境遇伦理学》，程立显译，中国社会科学出版社1989年版，封底。
④ ［美］莫蒂默·艾德勒、查尔斯·范多伦：《西方思想宝库》，该书编委会译编，吉林人民出版社1988年版，第596页。

（二）多元价值取向逐渐取代了我国传统社会统一的伦理价值体系

除了西方的影响，我国多元的社会现实和价值取向对传统社会大一统的伦理价值体系的冲击，也是促成道德相对主义在我国滋生蔓延的内部根源。我们熟谙，在改革开放以前，政党伦理，或者说国家伦理，对全社会的生活形式和价值取向起着绝对的规约作用。它维系着基本的人际关系，决定着社会的道德秩序，并被视为衡量个人行为善恶、是非的主要尺度。然而，在经济全球化的背景下，价值观日益多元并彼此碰撞，改革开放的实施使得多元文化与价值观成为了当代社会生活一个不争的事实，也加剧了个体对传统的质疑，从而一定程度上对传统社会大一统的伦理价值体系、公共核心价值的建构、意识形态的认同，以及社会多元文化的整合造成了巨大的冲击，个人利益的合理性在社会上被普遍确立；同时，人们对生活多样化的追求和对人性多样性的理解，也使得人们对相对主义道德持有一定的宽容态度。

于是乎，道德完全成为了基于个体意识的、由个人情感主导的价值选择。个人经验作为是非善恶的唯一衡量标准，毫无正误与优劣之分，道德判断和道德行为也因此丧失了客观的评价标准。在很多人看来，必须从不同的维度观察社会、解决人类面临的重大问题，企求唯一的正确答案既是不现实的，也是不可能的。以上这些因素综合交织在一起，共同促成了道德相对主义在我国的滋生和不断蔓延。

二 道德相对主义的理论局限

结合一元文化与多元文化产生的历史背景，有学者作出如是判断：一元文化是专制、封闭、落后的社会产物，而多元文化则是开放、民主、进步的社会产物。① 无疑，作为多元文化产物的道德相

---

① 冯建军：《差异与共生——多元文化下学生生活方式与价值观教育》，四川教育出版社2010年版，第208页。

对主义，在肯定道德的复杂性和变动性、破除神旨论的教条、反对西方文化中心论、尊重道德选择的主体性、肯定道德的情境性等方面的积极意义是显而易见的。在一定程度上，我们甚至可以认为，多元化诉求的相对主义道德观，较之一元化的绝对主义道德观，更加符合道德的本质，也更能彰显人性的光芒。但是，我们也要高度警惕其理论局限及实践危害。

按照道德相对主义的观点，任何非个人的、具有客观普遍性的道德权威的合法性依据将不复存在。而"道德行为者从传统道德的外在权威中解放出来的代价是，新的自律行为者的任何所谓的道德言辞都失去了全部权威性内容。各个道德行为者可以不受外在神的律法、自然目的论或等级制度的权威的约束来表达自己的主张"[①]。鉴于这种严重后果，麦金太尔向世人发出警告："道德基础规范的一致性的丧失是我们面临的深刻而危险的现代性伦理危机。"[②]

相对主义的泛滥极易引发价值的混乱，正如威尔逊所言："相对主义者的致命错误在于认为可以随心所欲地确定我们的信念和价值观，即认为游戏的规则是可以随心所欲而定的"[③]；布鲁姆也断定："相对主义价值观，如果它是真实的并为人所相信，将会使人陷入精神混乱与迷茫，陷于极端危险的政治游戏之中。"[④]

学者们的担忧并非危言耸听，如果对道德相对主义的局限及危害视而不见，甚或任其滋生蔓延，势必形成严重的道德认同危机，导致道德情感的失落，最终走向道德的虚无，使道德消弭于无形，严重危害社会的正常运行。

概括起来，道德相对主义理论局限在于，它从根本上否定了道

[①] [美]麦金太尔：《德性之后》，龚群译，中国社会科学出版社1995年版，第87页。
[②] [美]麦金太尔：《德性之后》，龚群译，中国社会科学出版社1995年版，第9—30页。
[③] [英]约翰·威尔逊：《道德教育新论》，蒋一之译，浙江教育出版社2003年版，第39页。
[④] [美]艾伦·布鲁姆：《走向封闭的美国精神》，缪青等译，中国社会科学出版社1994年版，第156页。

德共识存在的客观基础。在道德相对主义看来，道德具有特殊性、相对性与主观性，而否认其普遍性、绝对性与客观性，从而在根本上动摇了道德存在的合理性。

然而，一种原则或观念的普遍被相信或接受并不能说明，这种观原则或观念就是合理的、正当的。即便道德都是具体的、个别的，而且不同的时代、民族、阶级也可能存在不同的道德，但是，道德规范和标准的相对性，并非就意味着，人们在进行道德判断和选择时，能够为所欲为、自行其是。个人道德判断和道德选择的自由并不是无限的，它具有相对性；同时，道德规范和标准的相对性，也并不意味着，道德标准不存在真理的界限和客观的尺度。这其中的根本原因就在于，在具体、个别和相对的道德现象中，也隐含着道德抽象、一般和绝对的一面。

因此，道德在本质上是特殊性与普遍性、相对性与绝对性、主观性与客观性的辩证统一。况且，多元的价值观中正确与谬误并存。所以，无论社会发生怎样的变化，总会存在能够让全社会都普遍接受和认同的核心价值和道德观念，也即一个社会的道德共识。

基于以上的分析，不难断定：道德相对主义由于缺乏统一的、一般的道德标准与客观依据，极易导致道德评价标准的主观化与功利化，使道德成为因个人喜好而取舍的好恶，"终究会导致主观主义、怀疑论、不可知论或诡辩"①。这是道德相对主义终究无法摆脱的宿命。

三 学校德育正当性的消解：道德相对主义导致的两难困境

毋庸讳言，确保学校德育正当性的前提，是存在一套被人们普遍认可的价值标准和道德规范。改革开放之前，人们的生活环境比较封闭，社会也相对稳定，社会经济与文化结构呈现出一元化、整

---

① ［苏联］列宁：《列宁全集》（第14卷），中共中央马克思恩格斯列宁斯大林著作编译局译，人民出版社1957年版，第136页。

体化的特点。表现在伦理道德价值取向上，人们的是非观与善恶观基本上是趋于一致的。因此，教师在实施德育的过程中，可以把统一的价值标准和道德规范，以确切的知识的形式传递给学生。在这种情形之下，德育通常被简化成了知识教育。可以说，在一元化社会与绝对价值取向之大背景下，学校的德育既是可能的，也是合理的。

伴随着改革开放的不断深入和市场经济体制的转型，中国社会逐渐由封闭向开放转变，文化也从传统的一元走向多元。多元文化成为当今中国社会的主要特征。多元文化随之促进了价值观的多元化，相对价值由此受到人们的认可与追捧。正如学者所说，在多元文化与价值多元的时代，"'知识权力'亦受到挑战，'理论或学术权威'更难为人普遍接受。……多元社会需要的已不再是某种普遍科学或理性的'同质性标准'，而是'异质的''独创的'。它需要一种'宽容异质的标准'"①。于是，道德生活的选择就完全成了个体主观偏好的产物，而与周遭的一切人与事，以及社会的道德文化传统毫无关联。其最终结果必然是任何选择都是允许的、正当的、合理的。

反映在教育领域，学校德育随之进入了"相对主义的时代"。在道德相对主义的影响之下，"20世纪的道德教育理论无不具有了强烈的相对主义色彩"②。道德相对主义在理论上的偏颇，必然对道德实践造成不利影响。"道德资源的亏空、生活伦理秩序的混乱、道德宣传的空乏、道德观念一致性的断裂都意味着这个时代道德教育的困境。"③ 在很多人看来，既然道德是相对的，不存在绝对的、终极的价值观，教师将无法在学生面前充当道德权威，引导学生对是非、善恶做出正确的价值判断。因此，把价值标准和道德观念当

---

① 万俊人：《寻求普世伦理》，北京大学出版社2009年版，第336页。
② 鲁洁、王逢贤：《德育新论》，江苏教育出版社1994年版，第437页。
③ 金生鈜：《德性与教化——从苏格拉底到尼采：西方道德教育哲学思想研究》，湖南大学出版社2003年版，第322—323页。

作确切知识来教的时代将一去不复返了。在如是情形之下，我们将不难得出结论：学校德育由于丧失了客观的道德评价标准，其安身立命的根基将受到极大的冲击与动摇。

可以看出，如果以道德相对主义作为理论支撑，学校德育恐将陷入正当性不断消解之困境，并且，势必又会反过来进一步助长相对主义思想的泛滥。福山就曾向世人发出了"现代教育正在推动人类向相对主义发展"[①] 的警告。哈佛大学前校长博克也不禁感慨道："在今天，如此众多的大学生还持有相对主义的观点，缺乏思考复杂问题的能力，大学更应该责无旁贷地肩负起培养道德思考能力的重担。"[②] 既然个人的道德选择都是被容许的，那么，何以保证选择的道德性？道德教育又如何确保是"道德的"教育？而且，"'干什么都行'、'怎样做都容许'，其结果必然是道德秩序的崩溃，道德教育的消蚀。这类道德教育如果说它还确实存在的话，也只能说是'失去灵魂'的教育"[③]。因此，德育如果过于标榜和强调价值的相对性，而忽视共同价值的意义，必将导致道德虚无的严重后果。这实际上也就是否定了价值序列与等级的存在。这时，学校德育的必要性与合理性也就不复存在。而且，这种教育最终将导致学生价值观的混乱，并进一步陷入无政府状态的泥潭。

简言之，相对主义道德教育理论，实质上是放弃了对学生进行价值引导的操守与使命，从而从根本上否认了学校的教育功能。与此同时，学校德育也不再成为"道德的"教育，其正当性不断消解。对于身处相对主义的社会大环境与德育小环境之中的大学生而言，道德情感的缺失也将成为难以逃避的事实。有学者通过调研发现，"超过三分之一甚至达到五分之二的大学生认为道德性质是相

---

① [美]弗朗西斯·福山：《历史的终结及最后之人》，黄胜强等译，中国社会科学出版社2003年版，第346页。
② [美]德雷克·博克：《回归大学之道：对美国大学本科教育的反思与展望》，侯定凯等译，华东师范大学出版社2012年版，第48页。
③ 鲁洁：《关系中的人：当代道德教育的一种人学探寻》，《教育研究》2002年第1期。

对的，不同的人可以有不同的观点"①。无疑，道德相对主义的思想，会对当下大学生道德情感的培养和提升造成严重的阻碍。

第三节 唯理智教育的盛行：基于学校教育的维度

如果我们简单地把大学生道德情感的缺失作为历史文化传统的消极影响，以及道德相对主义的"苦果"，恐怕有些过于简单，也违背了我们讨论这一问题的初衷。况且，前面关于学校道德情感教育的实证研究结果，也在一定程度上说明了，学校必须对大学生的道德情感问题承担责任。因此，大学亟须进行深刻的自我反思与检讨。大学进行德育的重要任务之一，就是塑造个体良好的道德情感和高尚的情操，从而使他们更好地适应并融入社会，而这与大学生道德情感教育的目的别无二致。那么，为何现实中的大学德育把大学生的道德情感遗忘了呢？

卢梭很早以前就警示人们，"有一种毫无意义的教育在虚饰着我们的精神，腐蚀着我们的判断。……在各个方面人们都不惜巨大的代价设立的无数机构来教导青年以种种事物，但只有他们的责任心却被遗漏了"②；苏联教育家斯卡特金也提醒教师："我们建立了很合理的、很有逻辑性的教学过程，但给他的积极情感的食粮很少"③；托宾·哈特更是感慨，"情感是学习过程不可或缺的部分，但却在很大程度上却被排斥于当代教育关注之外"④。

---

① 胡金连等：《现状、变迁与启示：我国近 30 年大学生需要研究述评》，《昆明理工大学学报》（社会科学版）2015 年第 3 期。
② ［法］卢梭：《论科学与艺术》，何兆武译，商务印书馆 1963 年版，第 29 页。
③ ［苏联］M. H. 斯卡特金：《现代教学论问题》，张天恩译，教育科学出版社 1982 年版，第 56 页。
④ ［美］托宾·哈特：《从信息到转化：为了意识进展的教育》，彭正梅译，华东师范大学出版社 2007 年版，第 20 页。

对于我国的学校教育而言，又何尝不是如此呢！故而，如果说历史文化传统的消极影响，以及多元社会现实下道德相对主义的流行，给社会带来了一系列的负面效应，进而影响了人类道德情感及道德水平的发展，那么，学校教育的失职抑或失误，无疑也是导致大学生道德情感问题的一个不可忽视的直接原因。笔者在 S 大学进行调研时，问及对学校德育或道德情感教育方面的建议，有个别学生直接用"问题多多、不知从何说起"来概括。这么一句简单的回答，发人深省。作为大学生道德情感问题的直接关联者，学校对自身进行积极反思、探寻如何解决道德情感问题背后折射出的教育病灶才是正道。有学者通过相关调查研究就发现，大学生道德情感的缺失与高校道德教育体系的欠完善高度相关，具体表现在：高校对道德情感地位和教育重要性认识不足、道德情感教育活动在面和深度上未能完全满足大学生的需要、尚未构建符合高校特色的道德情感目标、道德情感教育活动中教育者存在缺陷等。尤其是唯理智教育在学校的盛行，极大地限制了道德情感教育的空间。可以说，这是造成当前德育困境的一个直接原因。

一 唯理智教育的成因

从教育的功能来说，教育具有个人功能和社会功能。尤其是进入 20 世纪以来，社会经济发展对教育的依赖性日益增强，教育的经济功能不断凸显。20 世纪 50 年代，美国经济学家舒尔茨第一次系统地提出了"人力资本"理论，认为学校教育具有投资性质。这一理论对把教育当作一种消费行业的传统观念形成了强烈冲击，使人类对教育功能有了新的认识。诚如美国学者所说："'投资与回报'直截了当地概括了人们对大学教育的认知和态度。"[①] 教育开始逐渐由道德探寻的崇高事业，演变成了单纯的"谋生术"，进而构成了唯理智教育产生并不断盛行的思想理论前提。

---

① [美] 威廉·德雷谢维奇：《优秀的绵羊》，林杰译，九州出版社 2016 年版，第 70 页。

受现代教育的功利主义价值观支配，唯理智教育在我国的地位可谓坚不可摧。从目标来看，唯理智教育的定位有二：一是为社会的政治经济服务，二是为个人的谋生作准备。应该说，这样的定位既现实，又易看到效果。但是，它忘记了最重要的一点，即教育的终极目的是培养知、情、意、行全面发展的人格完善的人。

从根本上看，唯理智教育没有把学生当作"人"来培养，而只是当作工具，当作"人力"来"生产"。殊不知："只要人的某些部分受到工具式的对待，那么整个人（人的整体）都会受到影响。"① 在功利主义的唯理智教育这一指挥棒之下，教师往往偏重学生认知层面的素质，而情感因为看不见、摸不着，在学校和老师那里根本不受待见。大多数情况下，情感教育被当成了教育的"奢侈品"被无情摈弃，所剩无几。

需要注意的是，尽管在一次次的人文运动或是教育改革实践中，唯理智教育总是被有识之士当作批判的靶子，但每一次的运动或改革大多因为曲高和寡，最终只能以收效甚微草草落幕，芸芸学子们依旧痛苦地生活在由庞大的学科知识体系垒起的围墙之中。运动和改革实践中存在的"高开低走"，甚至被指摘为"无改革""伪改革"，或是不痛不痒、治标不治本的教育改良。但是，由于契合社会与公众的功利主义意图，唯理智教育依然在当前的校园里大行其道，且有愈演愈烈之势，从而进一步加速了人类与道德情感的疏离。

二　唯理智教育的特点及其后果

（一）教育理念上：重"理"轻"情"

教育理念决定着具体的教学方法及产生的教学效果。在如何获得善这个问题上，人们普遍把道德律作为确切无疑的命题来认识。

---

① ［德］孙志文：《现代人的焦虑与希望》，陈永禹译，生活·读书·新知三联书店1994年版，第55页。

并且认为，道德主要是通过对道德知识的掌握而获得的。所以，德育就是通过自上而下的、有组织有计划的方式，系统地将道德知识灌输到人们的头脑之中。从现实层面观之，唯理智教育也日渐成为了当前大学德育的写照。有学者就因此断定："德育最大的困境在于德育知识化的干扰。"①

从唯理智教育的渊源来看，近代以来，道德教育史上主要出现过以赫尔巴特为代表的"美德传授袋"德育模式，以及以柯尔伯格为代表的认知性德育模式。这两个模式的共同特点就在于，强调道德认知在德育中的运用，而忽视情感等非理性因素的积极作用。受以上德育模式的影响，我国的传统观念往往把德育看成是"转化"的过程。虽然，当代德育已有所突破，提出了"内化"或"外受和内化"过程，但在唯理智教育重"理"轻"情"观念的引导下，德育在具体实践过程中仍然是突出转化和外受的，而有意无意地忽略了"内化"的需要和情感体验等心理因素。由于这一观念已成为德育中的一种固有定势，其结果终难构建起个体自身自主的"内化"，这也必然使得对"内化"的源头——道德情感进行培育的德育活动难成气候。

由于受到功利主义价值观的影响，我国大学普遍实行的是理性主义德育，它的一个重要特点就是，重理性轻情感，重语言和逻辑推理能力的训练，而轻情绪感受能力和情感表达能力的培养，无视道德之知的实践特性，把它放在科学理性主义的过滤器中，筛选成为普遍化、客体化的知识。诚如鲁洁所说，当代的道德教育逐渐蜕变成为"注入规范、规则的外在化教育。……以普遍化、客体化的知识割断了与生活和实践的联系，走上了一条唯知识化的路"②。这句话可谓一语道破了当前学校德育的要害。

---

① 成尚荣：《生活德育的坚守与困境的摆脱》，《中国德育》2012年第19期。
② 鲁洁：《边缘化、外在化、知识化——道德教育的现代综合症》，《教育研究》2005年第12期。

具体而言，重"理"轻"情"的教育理念在价值观念上极易导致两个后果：

一是忽略人的情感。重"理"轻"情"的理念是把理性视为解决一切问题的万能钥匙。其实，理性不是万能的，它既不能透析人的情感世界，也不能说明人的道德活动。而且，"当把情感从德育中抽离出来、只剩下干巴巴的道德规范知识传授的时候，德育就从根本上丧失了它的魅力"[①]。在理性至上的理念指引下，德育容易导致人性的扭曲与人的片面、畸形地发展，造成"教育对象性的失落"，产出成批的犹如一个模子铸出来的"机器人"，最终促使人文精神在学校教育中逐渐消弭，情感的人文价值不断失落。我们可以断定，这种丢弃了情感的德育，与已经到来的新媒体时代以及终身教育的社会需求是完全不相适应的。

二是把情感技术化、理性化。将情感技术化使人成为环境刺激与反应下的盲目被动者，使人的情感依附于物，彻底丧失其自主性与能动性。正如有的学者所说："在技术理性的操纵下，我们的情感之地被平整化、数字化。……通过理性主义的整饬，……外在于人的条规原则与心灵相分，道德踏上了一条歧途。这种歧途必然导致外在于人的生命体验的理性伦理或脱离人的丰富性的规范伦理的产生。"[②]

另外，从对S大学的调研结果（见表2.2）来看，S大学在开展德育的过程中，最重视的是道德理论知识的传授，以"以理服人"为主，而德育过程中学生道德情感与道德意志的激发与培养较为欠缺。因此，在重"理"轻"情"的德育理念指导之下，要培养大学生良好的道德情感只能是一种徒劳。

（二）教育方式上：重"说"轻"感"

"教育并不是一种'告诉'和被告知的事情，而是一个主动的

[①] 朱小蔓：《育德是教育的灵魂、动情是德育的关键》，《教育研究》2000年第4期。
[②] 赵红梅、戴茂堂：《文艺伦理学论纲》，中国社会科学出版社2004年版，第19页。

和建设性的过程。"① 杜威的这一观点已被大多数人认可和接受。而且，道德的生命力并不在于纯理论说教，而是在实践过程中通过感受和体验，不断地修正和强化社会认可的道德行为规范。因此，对以提升个体道德品质为主要目的的德育来说，学生的主体感受和情感体验尤为重要。

然而，从我国大学德育的现实来看，不少学校或教师把德育过程操作得犹如"教育印刷术"一般。"'师者'与'学者'之间成了一方对于另一方的支配、控制，甚至灌输、洗脑的强权。……'师者'与'学者'之间是一种训导式的授受关系，他们之间除了功利性的往来和形式上的交流外，几乎不可能进行什么心灵之间的融通。"② 教育者往往企图将预设的"正确"价值观推销、塞给或强加给学生，学生的情感体验被有意无意地忽视，他们成了被动接受知识的"道德容器"。于是，德育过程呈现为"美德袋"和"填鸭式"模式，从而导致了强制灌输式德育的产生。柯尔伯格也强调："灌输既不是一种教授道德的方式，也不是一种道德的教育方式。"③ 可以说，这种重"说"轻"感"的德育方式是造成德育困境与大学生道德情感问题的另一个根源。

归纳起来，"说教式"（或是"强制式""规训式""灌输式"）德育方式的不足之处表现为以下两个方面：

一是"说教式"德育将鲜活生动的道德事实抽象化、概念化为干瘪枯燥的道德语言，重视教师的说理，而轻视学生的情感，无法看到学生的主观道德需要及其道德主体性的影子。因此，难以打动受教育者的内心，无法使道德理论内化为学生的情感需要，更毋须说转化为学生的实际道德行为。在现实生活中，我们常常看到一些知德违德、知行脱节的大学生。他们把道德要求说得头头是道，把

---

① 邹进：《现代德育文化教育学》，山西教育出版社1992年版，第73页。
② 曹永国：《自我与现代性的教育危机》，福建教育出版社2010年版，第25页。
③ 陈桂香：《柯尔伯格的道德认知发展理论及其启示》，《学术交流》2006年第4期。

道德准则背得滚瓜烂熟，可在实际行动中却又是另一回事。我们通常把他们称为"口头革命派"。造成这种知行不一致，甚至矛盾现象的重要原因之一就在于，"说教式"德育没有激发学生的道德情感，导致他们对这些道德要求缺少自身的情感体验与感受，没有把它们当作行动所必须要遵循的准则，而只是作为一种知识或条文来接受。所以，学生掌握的仅仅是"关于道德的知识"，而非真正的"道德知识"[①]。没有明确情感导向的行为学习，就难以避免行为的功利性驱动。而且，德育的说教化、规训化会带来"他者"意识的削弱，从而致使个体产生道德冷漠。在这种情况下，"与'他人相依'的道德责任和道德追求不再可能了。……'道德冷淡'更加强化了人们的相互疏远和缺乏信任，形成了现代陌生感，人与人之间的道德的休戚与共已经不可能。这使得公共生活的全部根基陷于道德的空虚状态"[②]。

二是"说教式"德育将教育者与受教育者对立起来，教育者居高临下、盛气凌人、颐指气使，被教育者则盲目被动、麻木冷漠、低声下气。在这种教育方式的操控之下，学生所能做的，只是简单机械地执行道德命令。他们成为道德规则下的"驯民""奴民"，失去了反思的精神与批判的勇气。布伯就认为，这种德育过程中的师生关系只能处于"一种注定了不可能臻于完整的相互性"[③]之中，学生的道德主体地位也无法得到完全的尊重。是故，通过这种德育培养出来的道德，本质上是一种被动的道德。通过S大学的实地调研，我们就发现，相当一部分班主任（辅导员）在开展德育工作时，习惯于讲大道理，只关注成绩，不关心学生道德问题（见表2.2）。

---

① 杜威在《学校与社会·明日之学校》一书中对"道德的知识"和"关于道德的知识"做了明确区分。"道德知识"是道德直觉、道德意识、道德态度、道德行为等的总和，类似于道德智慧；而"关于道德的知识"更强调关于道德的理性经验。"道德知识"的学习更需要情绪敏感性的支持。
② 金生鈜：《规训与教化》，教育科学出版社2004年版，第103—104页。
③ ［德］马丁·布伯：《我与你》，陈维纲译，生活·读书·新知三联书店2002年版，第116页。

第四章　大学生道德情感问题归因

毫无疑问，被动的道德塑造出来的必然是被动的道德主体，而被动的道德主体将很难在以后的道德实践中作出主动的道德判断与道德选择。而且，从人类道德的存在价值和运作方式来看，道德必须由外在规约过渡到内在自觉。归根到底，道德是人自觉自愿的选择，德行应该是自足的。唯有如此，道德才能称之为道德。在黑格尔看来，"道德主要地包含着我的主观反省"①；匈牙利法学家朱利叶斯·穆尔同样坚信，"使道德规范得以实现的并不是外部的有形强制与威胁，而是人们对道德规范所固有的正确性的内在信念。因此，道德命令乃求助于我们的内在态度、我们的良心"②。

所以，道德内化的完成，仅仅停留于说教的层面是远远不够的。个体道德的养成和发展，只能是个体自由选择、主动追求、自我发展的产物，非外力强迫所能形成。德育的最终目的就在于，形成受教育者由知、情、意、行等系统所构成的内在道德自律体系。可以说，没有自由、没有自我的道德选择，将从根本上消解道德主体的生命感受力与思考能力，造成作为道德核心的良知的不断萎缩和道德情感的冷漠，最终使主体患上可怕的"道德冷漠症"。在当代，形式主义美学家之所以竭力反对将"美"与"善"相连，就是因为在他们眼中，"善"已成为"说教"的代名词；而年轻人之所以反感"道德"，一定程度上也是因为在他们看来，"道德"是等同于"说教"的。

恩格斯指出，方法是对象的类似物。即：不是方法框定对象，而是对象决定方法，方法的选择应该以是否适应研究对象为标准。这句话同样适用于学校的德育过程。德育的对象是人，不是物。我们不能像对待机器和物品一样，用简单粗暴的方法管理拥有自由情感和自由意志的学生。面对人，我们唯一能用的，只能是属人的教

---

① [德] 黑格尔：《哲学史讲演录》（第3卷），贺麟等译，商务印书馆1982年版，第36页。
② [美] E. 博登海默：《法理学——法哲学及其方法》，邓正来等译，华夏出版社1987年版，第358页。

育和管理方法。属人的教育方法以承认人的自由、多样性、主动性与创造性为前提，以激发人的自主性、自律性为目的。属人的教育方法是引导式的而不是高压式的，是亲近人的而不是冷漠的。我们必须谨记："任何形式的控制和强制，是自由与智慧的直接障碍。正确的教育在社会中没有权威、没有势力，它超越了社会的制裁。如果我们要帮助学生从他自己以及环境所制造出来的障碍中解脱，那么对于任何形式的控制都必须加以了解而舍弃。"① 只有在这种教育观念下，学生才能成为道德的主人，而不是奴隶。他们也才能主动地进行道德选择，并主动承担道德选择的结果。美国前总统罗斯福说过，培养一个人的心智而忽略道德，无异于给社会树敌。那么，我们也可以说，培养学生的道德，而忽略学生主体的道德情感，无异于给道德树敌。传统的唯理智德育居高临下的精英化立场，必然导致在方法论上的总体机械化和简单化倾向，造成学生对所授道德规范的普遍排斥和逆反心理。笔者在S大学的调研过程中，学生就普遍反映，学校的德育存在刻板无趣、形式化模式化的问题，在对学生道德情感的培养方面存在严重不足。

总的来说，"重理轻情"的德育理念压抑了学生对道德的向往意愿，"重说轻感"的德育方式更是强化了学生对道德的拒斥心理。无论前者还是后者，道德与情感都是隔绝的。结果，道德反而成了束缚人的绳索，并进一步演变为虚情假意的面具。显然，这种道德与情感的隔绝是学校德育的"致命伤"，也是造成当今大学生道德情感问题的教育根源。

---

① ［印度］克里希那穆提：《一生的学习》，张南星译，群言出版社2004年版，第124页。

第五章

中西视域下的道德情感教育思想及理论

"现在无非是过去的进一步推演，一旦与过去割裂开，就将丧失大部分的意义。"① 特别是对于道德而言，"现代社会的新道德文化传统不仅并没有完全脱离旧道德文化传统的'变体链'，而且也不能单独地有效料理现代人和现代社会的道德伦理问题"②。历史经验与传统对于德育的重要性不言而喻，它"不仅限定了道德教育的文化内涵，而且决定了道德教育只有回应文化传统的内在精神，才能以一个合理的身份诠释教育实践，并为之服务"③。可以说，无论道德，还是德育，始终都是存在于一定的文化谱系之中的。学校德育要取得实效，必须拥有历史文化传统上的合理性。通过回顾中西传统道德情感教育思想及马克思主义道德情感的相关理论，我们不仅可以梳理出道德情感教育的理论渊源，还能从中汲取可供当代大学生道德情感教育借鉴的历史经验与教训，找到现代德育新的逻辑起点，进而归纳出对学校德育有益的道德情感教育范式。

---

① ［法］爱弥尔·涂尔干：《教育思想的演进》，李康译，上海人民出版社2003年版，第18—19页。
② 万俊人：《现代道德仍需传统滋养》，《传承》2012年第3期。
③ 俞树彪：《论道德教育的文化自觉》，《思想教育研究》2007年第2期。

第一节　中西视域下的道德情感教育思想

透过中西教育思想史的发展历程不难发现，道德情感教育的思想由来已久。由于所处外部环境、文化传统、价值观念及思维方式上的差异，生发出了中西方和而不同而又各具特点的道德情感教育思想。它们可以作为探究当代大学生道德情感及其教育论题时建立更为广阔分析框架的重要资源。

一　中国传统道德情感教育思想

从本质上来讲，传统与德性其实是相生相长、无法割裂的。"传统不仅限定了道德教育的文化内涵，而且决定了道德教育只有回应文化传统的内在精神，才能以一个合理的身份诠释教育实践，并为之服务。"① 中国传统文化本身就是一种伦理文化。学校德育要取得实效，也必须拥有文化上的合理性，即具有文化自觉，通过努力挖掘传统文化中的德育资源，确保"道德和道德教育始终存在于一定的文化谱系之中"②。党的十八大以来，以习近平同志为核心的党中央高度重视中华优秀传统文化的传承发展，强调要深入挖掘中华优秀传统文化蕴含的思想观念、人文精神、道德规范，结合时代要求继承创新，让中华文化展现出永久魅力和时代风采。习近平在文化传承发展座谈会上就指出："中华文明具有突出的连续性。"③ 可以说，中国传统文化为当代的大学生道德情感教育提供了充实而丰富的精神思想养分。需要指出的是，在中国传统文化的传承与发展进程中，虽然先后受到不同思想流派的影响，但儒家文化始终是

---

① 俞树彪：《论道德教育的文化自觉》，《思想教育研究》2007年第2期。
② 戚万学：《当前中国道德教育中的文化困惑与文化选择》，《教育研究》2009年第10期。
③ 习近平：《担负起新的文化使命　努力建设中华民族现代文明》，《人民日报》2023年6月3日。

中国传统文化的思想主流,在官方意识领域占据主导地位。所以,中国传统道德情感教育思想也体现出了相应的稳定性,即主要以儒家思想的价值取向和方法论来实施道德情感教育。

(一)中国传统文化中关于"情"的论述

在中国传统伦理思想中,道德情感这一概念也许是比较陌生的,因为它是来源于西方伦理学上的一个词汇。但这并不意味着中国传统伦理思想中没有类似的提法或思想。如,我们常言的孔子的"仁爱之心"、孟子的"四端之心"等,就属于人本然且普遍具有的道德情感。

具体来说,在中国历史上,从先秦孔孟和郭店竹简原典儒学开始就有了关于"情"的理论话语和哲学关切。"情"这个字在中国传统文化思想中的出现频率是极高的。人们普遍认为,无论是圣人还是小人,情在每个人身上都存在,而且均表现为"喜、怒、哀、惧、爱、恶、欲"等"七情"。归纳起来,传统文化中关于"情"的论述表现为以下两个方面:

一方面是对"情"的起源的讨论。在"情"的起源上,主要存在两种不同的看法:一种看法是把情当作人的自然本性,认为情是与生俱来的。如"四端说"与"七情说"。"四端说"出自《孟子》,指的是恻隐、羞恶、辞让、是非这四种情感,此四端被认为是人的道德情感。"七情说"则出自《礼记·礼运》:"何谓人情?喜、怒、哀、惧、爱、恶、欲,七者不学而能。"(《礼记·礼运》)此七情被认为是人的自然情感;另一种看法是把情视作环境作用于人的产物。如韩愈就认为:"性也者,与生俱生也;情也者,接于物而生也。"(《原性》)

另一方面是对"情"的性质的讨论。通过查阅相关文献,可以发现,中国传统文化中关于"情"的性质的论述不外乎以下三种:一种是指"情境"。如:"太古神圣之人,备知万物情态";(《列子·黄帝》)第二种是指"感情"。如:"道由情出""天若有情天亦老；"（《金铜仙人辞汉歌》）第三种是指与理性相立的"情欲"，它是社会纷争、万恶滋生的根源。这一观点在中国传统文化思想中是最为多见的。如："夫好利而欲得者，此人之情性也。"（《荀子·性恶》）李翱"性善情恶"论中的情就指情欲。在他看来，"情者，妄也，邪也"。（《复性书》）其提出的道德之性，实际上就是指与情对立的静寂清明的精神本体。所谓人性"善"，即指一种排除了任何情欲的神秘心境。所以，李翱从"性善情恶"的人性论出发，提出了"灭情复性"的道德修养论，并把其视作超凡入圣之道。

综观中国传统文化的发展历史，不难发现，人们对"情"的认识是不断发展变化的。先秦孔孟和郭店竹简原典儒家将情视作"情感"或"情境"，把"情"作为某种根本或出发点，被认为是人道甚至天道之所生发。秦汉以后，由于儒学变迁，性善情恶说逐渐成为了专制帝国统治臣民的正统论断。到了宋明，"存天理灭人欲"更是以绝对的道德律令而存在，情欲受到极端压抑和贬斥。直至明朝中叶，及之后清末的康有为、谭嗣同和五四运动，才又重新肯定和高扬了情欲的合理性。但是其后，它很快又被革命中的修养理论和现代新儒家的道德形而上学从实践上和理论上再次压倒。①

概言之，中国古代思想家所说的"情"，大多是从"情欲"的角度来理解和阐释的。正如朱小蔓所言："古代思想家由于缺乏对情感的机制性研究，因此，在论及人的道德情感时，往往按照二端论的模式去考察和进行伦理学意义上的分层。这样呈现给我们的就是一种两极性的情感状态：一种是卑劣的情欲，一种是至圣的情操。"② 故而，古代思想家加以反对或限制的"情"是指情绪这一端，而并非是具有社会性的情感或者情操。其实，在中国的传统文化中，古代思想家、教育家对具有社会意义的情感，尤其是道德感还是给予了高度重视的。如在做人上强调知耻、自尊、谦让，在家

---

① 参见李泽厚《伦理学纲要》，人民日报出版社2010年版，第62页。
② 朱小蔓：《情感德育论》，人民教育出版社2005年版，第85页。

庭中强调亲情仁爱，父慈子孝、兄友弟恭，在社会上强调以和为贵，与人为善，己所不欲、勿施于人，爱国、奉献。这些美德本质上均属于道德情感的范畴。

（二）中国传统道德情感教育内容的特点

通过审视中国传统儒家思想，不难发现，中国传统道德情感教育的内容是以"仁"为核心的，并且表现出了以下两个方面的特点：

1. 情绪上强调"发而中节"

从前面的论述可以看出，在中国古代，思想家们大多认为情不能无。譬如："性与情不相无也。虽然，无性则情无所生矣。是情由性而性，情不自情，因性而情；性不自性，由情以明。"（《复性书》）

但与此同时，他们也认为情需要加以节制，强调性情修养要处于不偏不倚的状态，即做到"发而中节"，也就是中庸之道。从孔子对"仁"的论述来看，"仁"是一种合乎礼义，发而中节的情感。人性中虽然有善良的内涵，但七情等自然情感无所谓善恶，易受物欲和环境的引诱，难免有过与不及之患。因此，需要规范情感进而规范行为。韩愈就持性情统一的思想，并提出了"性三品"说。在他看来，性与情是相互对应而统一的，不能灭情以见性，关键在于控制情欲。圣人与小人的区别就在于其是否能控制情欲，使之"动而处于中"，符合中道。还比如"嗜欲喜怒之情，贤愚皆同，贤者能节之不使过度，愚者纵之多至失所"（《贞观政要·慎终》），等等。这些论述都说明，保持情感的中和是"仁者"的应有之义。

"中和"这一概念的提出最早出现于《中庸》："喜怒哀乐之未发，谓之中，发而皆中节谓之和"（《礼记·中庸》）。其中，"中"是指人的本性因无情欲所蔽而"无所偏倚"的状态，"和"即指喜怒哀乐之情欲既不过分，又无不及，达到和谐而流于乖戾。《中庸》认为，人性处"中"而不偏不倚，就能发扬光大其中的天赋之道，所以，"中"是"天下之大本"。而情欲中节（"和"），就能保证本性的发扬光大，因此，"和"就成了人类社会行为必须共同遵守的基本法则。朱熹在对《中庸》的注释中也解释道，能对喜怒哀乐按应有状态去掌握，无所偏倚，这叫"中"，平时能持中，一旦表现出来，就能中节，这就叫"和"。

2. 情感上强调"爱有差等"

在儒家看来，"仁"是最高的道德品质。因此，培养仁德之人便成了儒家道德情感教育的主要目标。但是，这种仁爱是基于人的自然属性的，它以天然血缘亲情为本位，贯彻的是"爱有差等"的道德要求。

归纳起来，儒家这种仁爱的道德情感有两个鲜明的特点：一是分先后顺序，二是有厚薄轻重之分。① 具体来说，"爱有差等"就要求按照宗法和血缘的亲疏远近，依次实施多层次、多等级的爱，即以血缘亲子关系为起点辐射开去，推向对他人、对天地万物的爱。在往外推的过程中，爱的分量逐步减少。正如费孝通所说的，"像石子一般投入水中，……像水的波纹一般，一圈圈推出去，愈推愈远，也愈推愈薄"②。

（三）中国传统道德情感教育的方法

中国传统道德情感教育在方法上具体表现为"忠恕之道、推己及人"的移情法、"修身克己"的规范内化方法和"知行合一"的践履笃行法三个方面。

1. "忠恕之道、推己及人"的移情法

"儒家思想的核心就是推己及人。"③ 中国古人一般都认为，情感是能够相互影响和感染的，因此，他们针对情感的这个特点提出了"行仁之方"，即"忠恕"。可以说，"忠恕之道"是儒家处理人际关系的基本原则。"恕"最早是由孔子提出的，他为其下定义说：其恕乎，己所不欲，勿施于人。而最先将忠恕联系起来的是曾子，

---

① 参见冯友兰《中国哲学史新编》（上卷），人民出版社2007年版，第161页。
② 费孝通：《乡土中国》，上海人民出版社2007年版，第26页。
③ 费孝通：《推己及人》，《读书》1999年第12期。

在他看来，"夫子之道，忠恕而已矣"（《论语·里仁》）。简言之，"忠恕"，就是以待自己的态度对待人。按照朱熹的说法，"尽己之谓忠，推己之谓恕"（《四书章句集注》）。简言之，"忠恕之道"也就是我们常说的将心比心、推己及人。

从心理学的角度来说，儒家的"忠恕之道"或者说"推己及人"，其实就是一种移情的方法，它在本质上是一种情感互动的心理过程。反映在道德情感教育方面，"忠恕"这种行仁之方就要求以个体的感受体验为基础，并通过角色互换的情感体验，充分体会别人的情感，将心比心，从而收到感同身受的良好效果。

2. "修身克己"的规范内化法

儒家文化本质上是一种强调修身的文化。从孔子开创儒学伊始，修养的途径和方法就存在着向内和向外两个向度。其中，向内用功是主要的，即强调修身克己的规范内化方法。由于对情感的本质缺乏系统的研究，因此儒家的思想家们在论及人的道德情感时，虽然都认可人性本善，但他们同时认为，七情等自然情感是无所谓善恶的，它们易受物欲和环境的引诱，难免有过与不及之患。于是就需要规范情感，以进一步规范行为；而且，通过前面的论述可以发现，古代思想家往往按照情二端论的模式去分析，一种是卑劣的情欲，另一种则是至圣的情操。在由情欲向情操的转化上，思想家们更为强调修身克己，将他律的道德转化为自律的道德，进而形成道德自觉，并达到内心自由。孔子的"七十从心所欲不逾矩"（《论语·为政》），孟子的"由仁义行"而非"行仁义"（《孟子·离娄下》），以及荀子的"故学至乎礼而止矣，夫而之谓道德之极"（《荀子·劝学》），说的就是这种自觉自由的至高境界。而真正崇高的道德情感正是这种自觉自由境界在情感中的体现。

从修身的具体过程来看，儒家侧重于"反听内视、反观内照"的修养功夫，强调自身修养的理性自觉，认为修身不是随心所欲的事情，它不应受不良情绪的干扰。"反听之谓聪，内视之谓明，自胜之谓强"（《史记·商君列传》），即要求人们不仅要认识到修身的价值，而且，知要融于情，入于意。即修身必须具备坚强的道德情感和意志上的自制力。思想认识唯有借助于情感和意志的驱动，才能转化为真正的道德行动。儒家由此提出了修身的"诚""正心"等问题。可见，在儒家那里，修身是知、情、意三者的有机结合；从修身克己的规范参照系来看，孔子提出了"兴于诗，立于礼，成于乐"的整体规范。按照孔子的设计，诗和乐能起到改变人们的性情，感化人们的心灵，使人自觉地接受并实行仁道的作用。礼则是规范人的道德情感的价值尺度。有鉴于此，朱光潜就认为："诗、礼、乐三项可以说都属于美感教育。"[①] 可见，儒家提出的"礼乐教化"不仅是一种道德情感的规范内化方法，实则也是一种道德情感的陶冶方法。

3. "知行合一"的践履笃行法

从孔子开始，知与行的关系一直为儒家所重视。但"儒者之所谓知、行，一般具有双重涵义。一是泛指在人类一般的认识过程中，实际行为、活动同精神性的认识、知识的关系。二是专指在人的道德修养过程中，对道德原则的理性认知、道德意识同实际道德行为的关系。多数儒者言知行，着重于第二种涵义"[②]。在中国古代的思想家们看来，只有知和行统一，才称得上"善"。而且这种"知行合一"，并不是指一般的认识和实践之间的关系，而更多的是指道德意识与道德践履的关系。

孔子主张知行结合。他认为，看一个人的品德，不能只听其言，不观其行，并在历史上第一次论述了学、思、习、行之间的辩证关系，即以"博学之、审问之、慎思之、明辨之、笃行之"（《礼记·中庸》）作为学习的层次或步骤。这同时也是对做道德之人步骤的规定。朱熹也强调知与行的相辅相成，在他看来，"行之力，则知愈进，知之深，则行愈达"（《论语解·序》）；"为学之实，固在践履。苟徒知而不行，诚与不学无异"（《朱子大全·答曹元可》）。

---

① 朱光潜：《朱光潜全集》（第4卷），安徽教育出版社1988年版，第145页。
② 赵吉惠等主编：《中国儒学史》，中州古籍出版社1991年版，第724页。

因此，知与行是须臾不能分离的。

　　明代著名的思想家、哲学家王阳明进一步提出了"知行合一"的独立命题，并把它解释为一种具体的道德教育方法。王阳明的思想体系主要包括"致良知""心即理"和"知行合一"三个方面。他认为，知与行都是以道德为本体，"知行合一"于道德。因此，他的"知行合一"学说不仅属于认识论的范畴，更属于道德实践与道德修养的范畴，它把道德活动看作是人内心的情意活动，情意是实现知行合一的交结状态。具体在知与行的相互关系上：一方面，知中有行，行中有知，"知行原是两个字，说一个工夫"；另一方面，"知是行之始，行是知之成"（《传习录》）。在这里，知与行不再具有主客观分界的涵义，而只是观念层次上的区别；从内容上看，王阳明认为，道德知识不只是一种知识，更是一种"体认之学"，是知情意行的统一体。知的含义包括识知、情知、理知，更集中地表现为"致吾心之良知"，即不是指一般的知识性认知，而是包含着道德价值判断和道德情感体验的成分。好恶之道德情感也相应表现为两个维度，一是认知的维度，二是情感的维度。他提出的"致良知"和"知行合一"，主要是通过个体的"内省"和"悟性"去体认对象。因此，这里的"良知"不是外物的属性，而是人内在的道德心理。按照道德的要求去行动便达到了"良知"的功夫；从目的和结果来看，主体能达到"知行合一"的境界则意味着某种德性的完成。

　　应当说，王阳明的"知行合一"学说在批判儒生们知行分离的传统陋习和程、朱理学重知轻行的倾向上是有其积极意义的。余英时就强调，王阳明的学说"把儒学内部反智识主义的倾向推拓尽致"[①]。同时，"知行合一"学说也为我们在当前的大学德育过程中重视情感与实践体验提供了一些可资借鉴的宝贵经验。

---

① 丁为祥：《余英时"政治文化"的特色及其形成——再读朱熹的〈历史世界——宋代士大夫政治文化的研究〉》，《哲学分析》2012 年第 3 期。

(四) 对中国传统道德情感教育思想的评价

通过前面的论述我们可以断定，中国传统的道德情感教育思想具有不容忽视的历史价值。然而，由于时代与阶级的局限性，这些思想本身也存在一些难以克服的缺陷。比如，有"差等"的"仁爱"教育一方面由于尊重了人类社会发展和道德情感形成的客观规律，因此在一定程度上是合乎情理的；另一方面，这种"仁爱"教育也极易导致人们在内心深处形成重视尊卑贵贱而忽略平等公正、重视小家而忽略大家的狭隘的道德情感意识，从而造成人们公德观念的薄弱；此外，中国古代的思想家们也并没有在真正意义上认清道德情感在品德结构中的地位，这主要表现在：大多数思想家都预设了情欲和情操这两个彼此对立之情，而且缺乏对情感发展过程的深入论述。无论是"爱有差等"，还是"忠恕之道、推己及人""知行合一"，在中国传统儒家那里，都是以"应该"和"不应该"这一绝对道德命令的形式得以表现，所以就极易陷入一种悖论：既追求"成圣成贤""内圣外王"的理想人格，又排斥情意的个性特征，忽略甚至抹杀人的基本情感需求。虽然，这种培养"道德圣徒"的理想主义突出了人自我完善的重要性，但由于脱离了大部分人的实际情况，漠视人的自由权利，容易导致人生模式的单一化。故而，这种道德理想最终也只能化作一团云烟，成为虚无缥缈的道德乌托邦。

但是，无论如何，有一点不可否认，即中国传统文化对道德情感教育的重视，对中华民族文化素质内容的构成起到了巨大的补充作用。就诚如陈来所言："中华文明核心价值所强调的仁爱原则、礼教精神、责任意识、社群取向，以及对王道世界的想象与实践，……在当今时代……仍具有普遍的意义。"[①] 为此，我们亟须从历史和现实的维度，用辩证法的观点来考察中国传统文化的发展，对其进行积极扬弃；而且，这些传统的道德情感教育思想，必将为

---

① 陈来：《中华文明的价值观与世界观》，《中华文化论坛》2013 年第 3 期。

我们在社会主义转型期构建新型的德育理论提供本民族优秀的德育资源，并为重新思考当前的大学生道德情感教育提供更新、更广的思路。

二　西方道德情感教育思想

（一）西方伦理学史上的"道德情感主义"

在西方两千多年的伦理思想发展史上，道德理性主义可谓源远流长。古希腊哲学家巴门尼德很早就向世人宣布，只有理性才是可靠的。之后，从苏格拉底、斯多葛学派到笛卡尔、斯宾诺莎、莱布尼茨，最后到康德，道德理性主义成就斐然。但道德理性主义传统在18世纪的英国却遇到了道德情感主义的激烈挑战。概括起来，道德情感主义的根本宗旨就在于，将社会道德规范视为一种认知、情感或意志等观念的表达形式。其范畴主要是指英国情感主义伦理学派和现代主义情感主义伦理学派。

1. 英国情感主义伦理学派

英国经验主义哲学家培根认为，对情感的研究应成为伦理学的主要任务和主要对象。培根的这一思想对道德情感论伦理学的兴起起到了很大的推动作用。17世纪，在经验主义伦理学与理性主义伦理学的对垒过程中，产生了道德情感论伦理学学派。从时间跨度上，是指17—18世纪的西方伦理学发展期，从地域上来看，是指英国的情感主义伦理学派，主要代表人物有沙夫茨贝利、哈奇森、休谟、斯密等人。到了19世纪，情感主义伦理学正式形成。

（1）莎夫茨伯利基于情感基础上的道德情感论

作为道德情感主义理论的开创者之一，莎夫茨伯利强烈反对经验主义伦理学和理性主义伦理学关于道德源于"理性"或"经验"的观点，主张应该把情感作为道德的基础，而且，只有在确保情感作用的前提下，理性才能发挥出它应有的道德价值。

在莎夫茨伯利看来，道德情感是人类与生俱来的，人类总是根据道德情感来协调好自爱与仁爱、个人利益与社会利益之间的冲突与矛盾。他认为，人们行为的善恶性质无非是驱动行为的情感不同所致。进而，他把支配人类行为的情感具体分成了三类，即"天然情感""自我情感""非天然情感"①。在莎夫茨伯利看来，在这三类情感中，只有引向公众好处的天然情感是幸福的唯一手段，而仅引向对个人有好处的自我情感必须控制在一定的合理范围之内，既不趋于公众也不趋于个人好处的非天然情感则是完全邪恶的，是对他人、社会及其个人都无益的一种热情，还会导致个人心灵的荒漠。在他看来，德与福是一致的，这种一致性不仅表现在行善必然致福，而且表现在行善本身就是一种幸福。

（2）哈奇森的道德感理论

哈奇森继承了沙夫茨伯利的仁爱理论，但他明确反对莎夫次伯利对利己的自爱动机的肯定。他认为，"道德善只能出自仁爱，不可能出于其他的利己动机"②，从而建立起了彻底的仁爱学说。

在哈奇森看来，道德的根源不会来自外在于人的自然，也不会来自人的理性、知识、最高者的条律及利益，而仅存在于人的情感当中。而对人的情感而言，美德总是蕴藏在仁爱的情感中，它与道德情感相通，而与理性无关。除了重视道德行为动机的无私性，他还强调行为结果的利他性。在这里，仁爱的动机和公益的目的共同构成了哈奇森所说道德善的两个必备的要素。

（3）休谟非理性式的道德情感论

休谟受沙夫茨伯利和哈奇森等人道德感理论的影响，以人性为基础来研究道德。他把人的情感作为道德行为的基础，认为"只要说明快乐或不快乐的理由，我们就充分地说明了善与恶"③。他进一步指出，道德的根源和道德评价的标准在于人的道德感。④ 在这里，

---

① 宋希仁主编：《西方伦理思想史》，中国人民大学出版社2004年版，第218页。
② 宋希仁主编：《西方伦理思想史》，中国人民大学出版社2004年版，第223页。
③ ［英］大卫·休谟：《人性论》（下册），关文运译，商务印书馆1980年版，第511页。
④ 周晓亮：《休谟及其人性哲学》，社会科学文献出版社1996年版，第253页。

休谟所指的道德感主要是"同情"这一道德情感。

休谟首先对"理性不是善恶的源泉"这一命题展开了论证。在他看来，是人们的欲求和需要，而不是理性或推理才引发人们行动。理性的作用是判断真伪，与现实世界中的意志行为没有直接联系，所以，理性不能单独成为任何意志活动的动机，而只有当下的、直接的情感才能发动意志，产生行为；其次，他进一步对道德判断与道德行为中理性和情感的作用进行了分析，并最终做出判断，"道德的区别不是由理性得来的"，而是"由道德感得来的"①。在这个意义上，休谟宣称："理性是，并且也应该是情感的奴隶"②。正因为觉察到了情感在道德中的重要性，休谟对"是与应该""事实与价值"做出了区分，这也是他对伦理学史做出的特殊贡献所在。

（4）斯密功利化的道德情感论

斯密继承发展了哈奇森的道德感理论和休谟的同情论，对道德情感进行了详细而深入的研究，他的道德理论也是以同情和情感共鸣为基石而构建起来的。他所著的《道德情操论》（又译作《道德情感论》）被认为是情感伦理学的重要经典。

在斯密看来，同情或情感共鸣不仅是道德发生的基础，而且也是道德判断的基础。为此，他在把道德发生的基础归于人类普遍本性所具有的同情感情的基础上，又把人们相互同感感情的一致与否，视为评价行为适宜与否的标准。

斯密的伦理思想还体现在他的经济学理论之中。他从经济关系中寻找到了道德情感和伦理原则的基本依据，并建立起了同情理论。斯密坚持人类同时具有自私和同情这两种本性。在他看来，"经济人"的行为具有自私利己性，而"道德人"的行为则具有同

---

① [英]大卫·休谟：《人性论》（下册），关文运译，商务印书馆1980年版，第495、510页。
② 周辅成主编：《西方著名伦理学家评传》，上海人民出版社1987年版，第361页。

情利他性。利他是道德得以维系的基本条件，而利他中的同情感，它是人本然具有的，因此是道德的真正起源和存在的真正基础。此外，斯密还进一步探讨了社会习惯与时尚等对同情这一道德情感造成的影响。

2. 现代情感主义伦理学派

经过18世纪英国情感主义伦理学的发展，到了19世纪，进一步形成了现代情感主义伦理学。现代情感主义伦理学的根本宗旨就是否定伦理学的科学地位，把伦理学视为一种情感、态度或信念的表达方式。代表人物主要是罗素、史蒂文森等。

（1）罗素相对主义的道德情感论

罗素是20世纪西方最著名的哲学家、数学家、思想家和社会活动家之一。他一生充满了现实人道主义的热情。在《自传》的前言中他写道："简单而又无比强烈的三种激情主宰了我的一生：爱的渴望、知识的追求，以及对人类苦难的极度同情。"①

在罗素的情感主义伦理体系中，他认为，善恶不具备客观实在性，它们只是个人欲望和情感的表达而已。而且，道德行为的评判标准只能是相对的。最终，他得出结论："科学陈述真理，不能表达情感价值，伦理学表达情感和价值，但不能获得客观的真理性，因为情感的基础是个人的主观愿望，而不是客观的必然事实。"② 所以，在罗素看来，伦理学只能是情感的。

此外，罗素还特别强调社会教育对改善人类道德状态的积极意义。他认为，道德的目的在于协调社会生活，而知识教育与爱的感化是两种改善人类生活的重要途径，因此，教育与爱不可或缺，在某种意义上，爱比知识更重要。没有爱的情感，知识与教育就不能产生效用。

---

① 杜任之主编：《现代西方著名哲学家述评》，生活·读书·新知三联书店1980年版，第152页。

② 万俊人：《现代西方伦理学史》（上卷），北京大学出版社1990年版，第364页。

（2）史蒂文森的情感表达主义

史蒂文森是现代情感主义伦理学的集大成者，是美国现代最著名的元伦理学家。他的理论任务就是在科学与价值之间，即在科学的社会主义和道德情感主义之间找到一种理论的契合点，使两者在差异上找到同一，在分裂中求得相容，并最终完成了对现代情感主义道德理论的系统总结。

史蒂文森认为，道德判断不仅包含了情感，也含有事实的成分。进而，他对人们的三种道德分歧进行了区分，第一种分歧即争论一方的立场中包含逻辑的不一致所引起的分歧，第二种分歧即事实信念的分歧所引起的道德分歧，第三种分歧即根本态度的分歧引起的道德分歧。他认为，在这三种分歧中，第一种分歧可以通过逻辑的方法，即纯理性的非心理方法来消除；对于第二种分歧，他指出，事实问题在原则上可以通过经验或数学的理性的心理方法加以解决，所以，这种解决分歧的方法不仅是理性的，同时也是心理的；第三种分歧是指争论双方即使在所有相关的事实问题上达成信念共识，但依然无法说服对方改变自己的态度。这是因为，这种分歧主要源于道德判断过程中个体的情感等主观方面存在不一致。因此，这种分歧只有通过非理性的方法才能加以解决。在史蒂文森看来，个体在作出道德判断的过程中，三种分歧是相互联系、相互渗透的，但态度分歧对影响个体的道德判断所起的作用更大，而且会影响信念上的分歧。

总之，在史蒂文森看来，在解决道德分歧的过程中，科学方法由于仅有助于解决信念分歧，而不能解决态度分歧，因此只能发挥间接作用。他认为，只有人们在信念上和态度上都保持了一致，才算是伦理上的真正一致。从这个意义上来说，情感与理性这二者就不可能是完全独立的，而只能是相互影响、相互促进的。

通过对上述两个流派观点的阐述，我们不难概括出现代情感主义伦理学的总体特点，即高度尊重与强调人的心理需要，主张道德是个人情感的表达，否认道德的客观性。由于情感主义伦理学造成了道德权威危机，因而使得伦理学和道德陷入了相对主义的泥潭。

（二）西方道德情感教育思想的主要特征

与儒家思想一直占据中国传统文化的主导不同，在西方，不同历史发展时期的价值取向是大相径庭的。反映在道德情感教育方面，伴随着不同社会文化背景下各种思想流派的兴起和发展，其教育思想也呈现出不同的特点。

1. 古希腊时期：服从于理性的指导

"古希腊哲学……它追究宇宙的来源，探索万物真实，诘问人生目的，内容丰富，气象万千，为人类的理论思维开辟了道路，给以后欧洲哲学的发展奠定了基础。"[①] 通过查阅相关文献不难发现，古希腊时期，伦理思想的发展大致停留在理性主义传统的范围之内。这个时期的哲学家，尤其是苏格拉底、柏拉图和亚里士多德，往往把道德与理性的结合作为道德判断与道德选择的重要内容。如，苏格拉底和柏拉图就主张，个体只有在摈弃一切情欲而对知识的穷追不舍中才可能在自身中显现善的理念。因此，"德性就是知识"的思想就成为苏格拉底道德论的根本；作为苏格拉底最得意的弟子，柏拉图和他的老师一样，完全以理性作为道德智慧的源泉，并建立起了自己的"理念论"，认为"善的理念"作为最高的存在，是一切存在的终极目标；亚里士多德则从对人特有活动性质的思考入手进行伦理学的审视。他认为，理性是人性的依据，区别于动植物的属人的活动就是实践的生命活动，即通过运用理性而获得理性力量的活动。

总体而言，古希腊哲学家普遍认为，"遵循理性而生活"不仅是个人的生活理想，也是生活福祉的实现。即使是感性主义、快乐主义伦理学，它们在论及欲望、情感和理性的关系时，也在一定程度上强调理性的重要性。在这个意义上，古希腊哲学家把理性的培

---

① 苗力田主编：《古希腊哲学》，中国人民大学出版社1995年版，第1页。

育作为教化的真正目的。反映在道德情感教育方面,则主张情感培育服从于理性的指导,同时强调中道在指导中的重要性。他们普遍认为,美好生活就是依照理性的指导适当调节人的激情和欲望。亚里士多德看到了情感的认识作用与动力作用,但他主张根据理性原则使情感抑制在合乎中道,指出:"德性处理情感和行动,处理得过度是错;处理得不及,要被谴责,惟有适中是对,并被称赞。"因此,德性"必定是一种志在求适中的中道"①。而且,他指出了实践活动的一条最基本的原理,即"在同感情和欲望因而同快乐和痛苦相关的实践事务上,既不要过度,也不要不及,而要努力做到适度"②。在亚里士多德看来,过度和不及是恶行的特征,适度则是德性的特点。比如,居于怯懦与鲁莽之间才是勇敢,吝啬与挥霍之间是慷慨,等等。因此,为了避免情感的不及或过度,情感必须注重并服从理性的引导。

2. 中世纪:强调对上帝神圣性的顺从

进入中世纪,伴随着欧洲神学宗教的出现,宗教信仰开始兴起。人们开始相信,宇宙中永远存在着一个超自然的灵魂——上帝,它具有丰凡的智慧、力量和善性。因此,那个时代的人们普遍坚信:道德的根基不是人,而是神。

进而,基督徒提出了"爱"的伦理原则。反映在德性观上,"爱"的原则强调人对上帝神圣性的顺从;反映在道德标准上,则采取"这是你应当做的"这一绝对命令;反映在道德情感上,基督徒强调,"爱"这一伦理原则的实现,不仅需要道德情感的推动,更需要在实践中不断体验。

于是,在基督徒那里,上帝充当着道德的来源和权威,是人类进行道德抉择的最终目标,爱上帝即是道德的最终信仰。如奥古斯丁把上帝比作"至善"之光,把人的灵魂比作眼睛,把理性比作视

---

① 周辅成主编:《西方伦理学名著选辑》(上卷),商务印书馆1964年版,第297页。
② 宋希仁主编:《西方伦理思想史》,中国人民大学出版社2009年版,第69页。

觉。这样，上帝既是存在的本源，也是价值的本源。在他看来，没有上帝，人既无法取得知识又无法将自己从罪恶的深渊中解放出来。人类只有信奉上帝、爱上帝，按照上帝的天启去行动，才能弃恶从善，最终得以拯救。他由此得出：人生的终极追求是转向上帝。在道德情感教育方面，则具体表现在遵从上帝、信奉上帝、爱上帝；托马斯·阿奎那也对上帝的存在进行了道德论证，认为上帝是最高贵的存在、最高的善，是全知、全善、全能的存在。并指出，信德、望德、爱德之所以称为神学的三大德性，就是因为它们的对象均指向上帝，只有上帝才能使人具有这些德性，只有神性的启示才能使人认知这些德性。其中爱德统率一切德性。他还对至善作了双重理解，既把至善理解为上帝本身，又把至善理解为理性生物所能做的依照上帝的命令行事。在这些思想的影响下，中世纪的道德情感教育都是顺从于上帝的旨意和召唤的。

3. 近代以来：主张关注人的情感需要

欧洲中世纪持续了近千年，直到14世纪末期，随着社会生产力的发展，封建制度趋于瓦解，资本主义生产关系逐渐形成，西方由此进入了一个从封建社会向资本主义社会过渡的历史转折时期。

与此相对应，精神文化领域的文艺复兴运动成为这一时期的精神主题和基本特征，并在运动中形成了丰富的人道主义思想。先进思想家们所提出的一切伦理的和价值观的要求，实际上都是强调以人性反对神性，肯定人的价值、维护人的权利。

文艺复兴之后的宗教改革和启蒙运动更是反对把人工具化，进而把人的主体性提到了至关重要的地位。反映在道德教育方面，即关注的中心由推崇理性、信仰上帝转向关注人的情感。如近代道德情感经验主义伦理学的代表休谟，虽然他并不否定理性对人的意志行为的作用，但他坚持认为，在人性中对道德行为起决定作用的基本倾向并不是理性，而是同情等道德情感，并创立了道德同情论伦理学的新体系；亚当·斯密也对道德情感（主要指同情心这一道德情感）展开了系统研究，认为情感共鸣是影响和决定人们行为的主要力量，是道德发生的基础；法国启蒙思想家卢梭以人作为其社会哲学和道德哲学的中心，强调自爱心和怜悯心（同情）是人的两种自然情感，并把怜悯心当作人类所具有的唯一的自然美德。他极力反对理性主义，在他看来，道德是由理智和情感共同建立起来的，情感传达和反映着人的需要，推动着理性。因此，理性必须依赖于情感；裴斯泰洛齐同样认为，德性的内核是一种发自内心的情感。在他看来，教育和教学要与作为人的内在本性的情感相协调，尤其要通过人性的教育唤醒爱与自尊心。通过这些情感的逐步发展，使学生认识和尊重道德的规则；达尔文则从社会进化论的视角考察人类的道德情感，宣称，"道德感也许提供了一个最好而最高度的差别，足以把人和低于人的动物区别开来"①。

总之，这种抛开理性制约，纯粹从关注人的情感需要的角度论述道德情感及其教育重要性的思想，对当代道德情感教育理念的形成及道德情感教育实践无疑产生了极其重要的影响。

（三）当代西方几种代表性的道德情感教育模式

在西方，由于长期以来的唯理性倾向，加上第三次"价值观浪潮"的冲击，人们的精神世界不断干涸，各种社会和道德风险危机丛生。20世纪末，联合国秘书长在哥本哈根召开的社会发展世界首脑会议上就指出，当今世界正面临着社会和道德危机。其中一个表现就是青少年道德的日益沦丧。新价值观的冲击使青少年的道德价值观发生了剧烈地摇摆。20世纪90年代的美国青年被称为"漠不关心的一代"，英国三分之二的青年人道德观念模糊，法国青年被称为"被牺牲的一代"，他们昏头昏脑，吸毒、搞打砸抢、搞自我破坏，德国青年则被称为"迂菲士"，即不成器的人，或被称为"一代未知数"②。面对这些触目惊心的事实，西方各国想方设法找回失落的道德情感，以充实人们空虚的内心与灵魂。反映在学校教

---

① ［英］达尔文：《人类的由来》，潘光旦等译，商务印书馆1997年版，第190页。
② 参见王冬桦《东西方道德教育比较研究》，《比较教育研究》1996年第4期。

育方面，从 20 世纪六七十年代开始，西方发达国家开始在反思中复兴和改革学校道德教育，教育的重心也由"学会生存"转向了"学会关心"，关怀伦理学①得以产生，并不断探索道德情感教育的新模式。概括起来，当代国外的道德情感教育模式主要有以下几种：

1. 美国著名的人本主义心理学家罗杰斯的"非指导性道德教育"模式

在以"病人为中心"的心理治疗理论与经验的基础上，罗杰斯提出了"以学生为中心"的人本主义教学论。他认为，促进"整体的人"的学习与变化，最终形成"完整人格"是教育的总体目标。此外，针对师生关系的改善问题，罗杰斯进一步提出了非指导性教学策略。在他看来，教师应成为学生学习的促进者、帮助者、合作者和朋友，促进学生学习的关键是教师和学生之间关系的某些态度和品质。他尤其突出了情感在教育中的地位和作用，强调通过情感领域而不是智力领域来促进学生的发展。具体表现在三方面：首先，教师应该充分运用情感要素开展教育。其次，学生的任职过程与情感过程是有机统一的。最后，要善于创造有利于师生情感交流的教育环境。

2. 以苏联苏霍姆林斯基为代表的"和谐教育"模式

该模式强调通过开展丰富多彩的精神生活，从而保证个性的完全发挥、全面发展，以及个人内在天赋的充分表现，以使学习更加富有成效。而和谐教育的坚实支柱，就在于建立起学生学习的积极的"情感动力系统"。在道德教育方面，苏霍姆林斯基认为，道德认知、道德情感、道德行为、道德信念之间相辅相成，只有在提高受教育者道德认知的基础上，不断培养他们良好的道德行为习惯，并让道德情感

---

① 关怀伦理学，又称作关爱伦理学或女性伦理学，由美国心理学家吉利根于 20 世纪 80 年代初期创立。该理论反对主张抽象和普遍规则的主流道德理论，强调具体的情景以及面对面的交流，要求从具体人的需要出发，并满足这些需要；重视同情、移情、敏锐性、情感响应能力等道德情感的培养，以及情感沟通和处理关系的能力在寻求最佳道德选择过程中的作用。主要代表人物还包括诺丁斯、特朗托等人。

融合在道德行为之中，才能促进道德信念的形成。在他看来，给受教育者带来的快乐体验，对其道德品质的培养具有重要意义。

3. 以苏联斯卡特金为代表的情感教学思想

其思想主要包括三方面的内容：强调情感是学生认知能力发展的动力、提出了"教学的积极情感背景原则"、重视创造和谐的教学气氛。

4. 以英国著名教育家尼尔为代表的夏山快乐教育模式

尼尔在1924年创办了夏山学校。他认为，当今很多学校只重视知识的学习，而忽视了情感教育。实际上，内心的情绪情感对人的影响远远大于智力，而且，"工作愉快与生活积极"既是个人生活的最终目的，也是衡量成功的主要标准。尼尔办学的基本思想是：尊重生命，尊重个体。基于这种教育理念，夏山学校强调，教育的目的是适应儿童，而不是反过来让儿童适应学校。为了让儿童过上快乐而有意义的生活，学校除了向他们传授理论知识，更重要是引导他们学习如何生活。

5. 英国德育学家麦克菲尔的"体谅关心"模式

该模式是产生于20世纪60年代末70年代初，在英国学校兴起并风靡于北美等地，以培养学生体谅和关心他人等道德情感为主要目的的一种道德教育方式。在麦克菲尔看来，道德的力量在于情感与理智的充分结合。因此，他主张，在道德教育过程中要把情感教育与道德认知教育结合起来。概括起来，"体谅关心"模式的基本思想，即多关心、少评价，反对在学校的道德教育中运用高度理性化的方法。麦克菲尔认为，理解和领会是道德教育的关键，主张富有成效的教育就是学会关心。

第二节　马克思主义道德情感理论

马克思主义的理论体系中虽然没有专门地讨论和建构起系统的

道德情感理论，但有关道德情感的论述散见于他们博大精深的哲学思想体系与著作之中。通过对马克思主义道德情感理论的分析，能为我们当前的道德情感教育提供宝贵的精神财富。

一　马克思主义经典作家的道德情感理论

（一）马克思恩格斯的道德情感理论

唯物史观是马克思、恩格斯用以建构他们自己道德观的基础。他们把社会存在与社会实践视为道德的起源，认为，"意识在任何时候都只能是被意识到了的存在，而人们的存在就是他们的实际生活过程"[①]。而道德作为一种特殊的意识形态，归根到底是对社会现实存在的一种反映。此外，恩格斯也鲜明地阐述了道德的阶级性、历史性和相对独立性。

对于情感和道德情感，马克思、恩格斯也有一些阐述。如马克思十分强调感性对于人的重要性，认为："人作为对象性的、感性的存在物，……激情、热情是人强烈追求自己的对象的本质力量。"[②] 这里所指的人的情感，已脱离了自然特性，表现为一种社会意识形态的精神生产。有鉴于此，马克思进一步强调了感性生活的重要性；同时，马克思还强调了社会活动的感性特征，指出人除了物质需要等"自然的需要"，还有道德、情绪等"历史形成的需要"，即精神欲求。正是这些"需要"的存在，才导致人类在不断"满足需要"的过程中的社会发展；此外，马克思还对人的意识的功能进行了分析，认为知、情、意共同构成了意识的三种功能，且都对人的全面发展发挥着重要的作用。在这个意义上，"认知、情感、意志三种功能与个体的道德认识、道德情感、道德意志是相对应的，它们也与人类所追求的理想——真善美是一致的、统

---

①　[德] 马克思、恩格斯：《马克思恩格斯全集》（第3卷），中共中央马克思恩格斯列宁斯大林著作编译局译，人民出版社1960年版，第29页。
②　[德] 马克思、恩格斯：《马克思恩格斯全集》（第42卷），中共中央马克思恩格斯列宁斯大林著作编译局译，人民出版社1979年版，第169页。

一的"①。在此，道德意识的结构也就相应地表现为道德认知、道德情感、道德意志的内在统一。

需要注意的是，从道德认识、道德情感、道德意志这三个要素的内在逻辑关系来看，道德情感并非简单地依附于道德认知，它有着自己独特的功能与机制。在马克思看来，道德情感连接着道德认知和道德行为，并以某种感性或理性的体验来推动两者的发展。然而，"'思想'一旦离开'利益'，就一定会使自己出丑"②。因此，意识形态必然是建立在物质利益基础之上的。马克思进一步揭示了道德理论的真相，即，道德理论归根到底都是维护本阶级的利益的，道德只能是阶级的道德。进而，为了消解道德的阶级功能，马克思主张，要确立渗透着人的知、情、意等因素的自由精神生产的道德，并认为通过这种道德的推动，人的情感必将趋向于全面自由充分发展的价值追求。

同时，马克思对资本主义社会中人性及人的感情得以贬损的事实进行了揭示。他认为，资本社会中，人的"一切激情和一切活动都必然湮没在发财欲中"③。在这种情况下，人的情感已经变质，并最终使人沦落至一种"绝对的贫困"④的境地。有鉴于此，马克思相信，只有在发达的工业社会，人的情感的本体论本质才能合乎人性地实现。⑤

（二）列宁的道德情感理论

在列宁的思想体系中，对共产主义道德理论的阐述是重要的一

---

① 宜云凤：《论个体道德意识的心理机制》，《苏州大学学报》（哲学社会科学版）2005年第2期。
② ［德］马克思、恩格斯：《马克思恩格斯全集》（第2卷），中共中央马克思恩格斯列宁斯大林著作编译局译，人民出版社1957年版，第103页。
③ ［德］马克思、恩格斯：《马克思恩格斯全集》（第42卷），中共中央马克思恩格斯列宁斯大林著作编译局译，人民出版社1979年版，第169页。
④ ［德］马克思：《1844年经济学——哲学手稿》，刘丕坤译，人民出版社1979年版，第77页。
⑤ ［德］马克思、恩格斯：《马克思恩格斯全集》（第42卷），中共中央马克思恩格斯列宁斯大林著作编译局译，人民出版社1979年版，第150页。

个部分。共产主义道德是马克思主义伦理学的进一步发展,其在本质上也是一种崇高的道德情感。

列宁指出,共产主义道德是无产阶级和劳动人民处理个人与个人、个人与集体、个人与社会之间关系的行为准则,是"为了人类社会升到更高的水平,为人类社会摆脱劳动剥削制服务的"①。共产主义道德的基本要求,即完全服从无产阶级斗争的利益,团结全体劳动者共同反对一切剥削和小私有制。而且,在列宁看来,共产主义道德与共产主义事业是紧密联系的,为共产主义事业而斗争不仅是共产主义道德的基础,也是共产主义教育和训练的基础。②

列宁尤其关心对广大工人,特别是青年开展共产主义道德教育,并要求对他们采取"灌输"的教育方法。在对青年的教育途径和方法上,列宁强调注重学习、加强实践锻炼和榜样的示范作用;与此同时,他十分关注情感,强调"没有'人的感情',就从来没有也不可能有人对于真理的追求"③。但列宁也看到了情感的两面性,认为情感有积极和消极之分,积极情感对人类在探究真理时能起激励、促进作用,而消极情感则起抑制、阻碍作用。因此,他既强调革命中的积极情感,同时也提醒人们提防消极情感的负面影响,从而体现出了其鲜明的唯物辩证思想。

二 中国化马克思主义道德情感理论

(一)毛泽东的道德情感理论

1. 毛泽东的情感理论

通过阅读毛泽东早期的相关著作,可以发现其思想体系中蕴含

---

① [苏联]列宁:《列宁选集》(第4卷),中共中央马克思恩格斯列宁斯大林著作编译局译,人民出版社1995年版,第353—355页。
② [苏联]列宁:《列宁选集》(第4卷),中共中央马克思恩格斯列宁斯大林著作编译局译,人民出版社1995年版,第292页。
③ [苏联]列宁:《列宁全集》(第25卷),中共中央马克思恩格斯列宁斯大林著作编译局译,人民出版社1988年版,第117页。

着丰富的情感理论①，归纳起来，主要包括以下四个方面：

第一，在情感的性质和功能方面，毛泽东认为，情感意志是生命的自然冲动，具有极大的能动性，能推动人克服重重阻力，实现人的本性的发达。在论及精神的能动作用时，他认为："精神生活，亦有两方面，意志及知识是也。意志之动，为冲动、为感情。"② 即把精神当作是理性与冲动意志等非理性的统一，是人"本性中至伟至大之力"③，是完善人格的本源。

第二，在人格结构方面，毛泽东认为，知、情、意等各方面是辩证统一的。在他的《体育之研究》一书中，可见其关于知、情、意辩证关系的思想。首先，人的心理结构由知、情、意三方面组成。而且，情感是行为的起点和驱动力，是理性认识的先导。同时，情感还可以完全排除理性的主宰，从而陷入盲目性。因此，任何把知、情、意等对立起来，片面强调理性或是片面强调情感的观点和做法都是有害的；此外，毛泽东还认为，"夫所谓信仰者，必先之以知识，知之而后信之。……彼自谓知之已稔，故信之也坚。……知也，信也，行也，为吾人精神活动之三步骤。凡知识必建为信仰，当其知识之时，即心以为然，此以为然之状态，即信仰也。吾人既由道德哲学而知良心之内容，则其对于良心之服从也必更勇"④。即知情结合能形成信仰，知意结合能产生毅力。

第三，"爱""情"等情感是由具体的社会现实所决定的，并且在阶级社会里表现出鲜明的阶级性。在毛泽看来，爱既是观念的东西，也是客观实践的产物。"世上决没有无缘无故的爱，也没有无缘无故的恨。"⑤ "爱""恨"等情感归根到底取决于阶级与民族斗

---

① 参见欧家骜《毛泽东情感思想概述》，《湖湘论坛》1995年第4期。
② 毛泽东：《〈伦理学原理〉批语》，中共中央文献研究室、中共湖南省委编辑组编，湖南省新华书店1990年版，第13页。
③ 《毛泽东早期文稿》，李泽厚：《中国现代思想史论》，东方出版社1987年版，第124页。
④ 毛泽东：《毛泽东早期文稿》，中共中央文献研究室、中共湖南省委编辑组编：《毛泽东早期文稿》，湖南省新华书店1990年版，第227—229页。
⑤ 毛泽东：《在延安文艺座谈会上的讲话》，人民出版社1975年版，第33—34页。

争的社会现实。所以，毛泽东认为"泛爱论"是错误的。

第四，个人情感必须与人民群众的情感相融合，才会产生应有的社会价值。毛泽东把情感沟通和情感共鸣视为思想政治工作的前提，他要求革命队伍内部要加强情感管理和情感改造，强调共产党人应具有崇高的情感境界。

2. 毛泽东的道德情感理论

首先，在道德的起源和本质问题上，毛泽东提出了"主观的道德律"。认为，道德并不来自于任何外在的标准、规范或律令，它只能建立在个体"我"的主观基础上，是一种完全由自己做主的感性的意志力量。而且，他把道德的意志力量等同于食欲和性欲的强大本能，认为二者都是某种"冲动"或"动力"，并且认为，这种"冲动""决非理性所能代"①；同时，毛泽东强调，只有建立在自觉意识基础上的道德，才是有意义的，"道德之实行固赖感情与意志，而其前，必于此将实行之道德有判然之意识，而后此行为乃为自动的"②。由此不难看出，毛泽东所说的"自我"是理性（精神理想）与感性（情欲）的统一体，精神理想统御着情感。

其次，提出了关于道德理想的问题。在毛泽东看来，人的理想与道德品质紧密相联，并倡导把实践个人的人生理想与社会利益紧密结合起来。可见，毛泽东的道德理想远远超出了自我价值的范畴，更多地表现为一种崇高的社会责任感，是一种自我价值和社会价值的完美统一。而这种社会责任感的具体行为要求，就是全心全意为人民服务，这是毛泽东道德观的核心和灵魂，也是他道德观的最高原则，实则是一种高尚的道德情感。他在谈到共产党区别于其他政党的显著标志时认为，全心全意为人民服务、一切从人民的利

---

① 参见李泽厚《青年毛泽东》，选自李泽厚《中国现代思想史论》，东方出版社1987年版，第132页。

② 参见李泽厚《青年毛泽东》，选自李泽厚《中国现代思想史论》，东方出版社1987年版，第132—133页。

益出发、向人民负责和向党的领导机关负责的一致性，都是共产党全部工作的基本出发点①。为了更好地全心全意为人民服务，毛泽东进一步提出了以尊重人民和爱人民为基本原则的集体主义道德原则。显然，毛泽东论及的以服务人民、尊重人民、爱人民为主要内容的道德理想也是道德情感的一种体现。

如果把为人民服务作为毛泽东道德观的最高原则，那么，强调为国献身的革命气概和革命情操，则是毛泽东道德观的最高体现。受儒家"内圣外王"理想模式的影响，毛泽东在倡导"自我实现"的同时主张，人的道德修养不能仅限于独善其身，还要以自我为中心向外辐射，把对一切社会问题的关注都纳入自己的义务和精神范畴之内。他的这种思想深刻体现在其为革命坚忍不拔的奋斗和牺牲精神之中，与其高度的社会责任感实是相互贯通的，都是崇高的道德情感的具体体现。

（二）邓小平的道德情感理论

邓小平对道德也有重要的论述。概括起来，全心全意为人民服务是邓小平道德学说的核心思想。它不仅是民族自尊心和自信心的一种表达，更反映了一种强烈的对祖国和人民的爱。因此，其本质也是一种崇高的道德情感。

在社会主义建设的新时期，邓小平高度重视精神文明及精神文明建设的重要性，特别强调对人民的思想道德建设。而这两者的核心内容其实就是坚持共产主义的思想、道德和精神。这"三个坚持"是邓小平同志思想道德建设理论的主题，也是其道德观的核心内容。他始终强调，社会主义道德建设要坚持为人民服务的宗旨，贯彻集体主义原则。

邓小平集体主义原则在社会公德层面的表现，即五爱的原则——爱祖国、爱人民、爱劳动、爱科学、爱社会主义。此外，在

---

① 毛泽东：《毛泽东著作选读》（下册），人民出版社1956年版，第591页。

阐明社会主义精神文明建设的根本任务时，邓小平还提出了"四有"的人格理论。"四有"即有理想、有道德、有文化、有纪律。他强调，要教育人民成为"四有"人民，干部成为"四有"干部，这是马克思主义发展史上第一次提出人格理论，极大丰富了马克思主义道德人格学说。在邓小平看来，理想和纪律是"德"的重要内容，而情感无疑是理想和纪律的重要的心理基础和重要内容。所以，邓小平所指的社会主义道德教育在一定程度也可以视为是一种社会主义道德情感教育。

除了"四有"人格道德教育之外，邓小平还强调了"三个主义"的道德教育，即爱国主义、社会主义、集体主义教育。其中，爱国主义是其道德观的主题。他认为，爱国主义与社会主义在本质上具有一致性。他还重申了集体主义的科学含义，认为社会主义、集体主义"决不是说可以不注意个人利益"[①]。他从"义利合一"的辩证角度，对集体主义原则作了精深而透彻的论述。一方面，他认为，道德以利益为基础，社会主义道德也必须建立在物质利益的基础上，"如果只讲牺牲精神，不讲物质利益，那就是唯心论"[②]；另一方面，他又主张，国家、集体和个人的利益在根本上是一致的。如果有矛盾，个人的利益要服从国家和集体的利益。可见，邓小平提出"三个主义"的道德教育，其最终目的就是为了增强全体公民的民族自尊心和爱国使命感、责任感；此外，针对市场经济的运行规律，邓小平还提出了"三个有利于"标准，并告诫广大人民，要抵御市场经济的负面影响，就必须大力弘扬自我牺牲、大公无私和先人后己的精神，而这几种精神在实质上也是集体主义道德情感的重要体现。

---

① 邓小平：《邓小平文选》（第2卷），人民出版社1994年版，第175页。
② 邓小平：《邓小平文选》（第2卷），人民出版社1994年版，第146页。

第六章

当代大学生道德情感教育探微

通过对道德情感及其教育的价值追问,证实了道德情感及道德情感教育对人的道德发展及增强德育实效的重要性。同时,道德情感教育也具有理论与实践层面的支撑。但我们在道德情感教育问题上要谨防"自发论"。因为"任何崇高的感情都是精心培育的结果,绝不可能自发地成长起来。如果感情教育不当,或者蓄意强化非理性感情趋向,颂扬人的本能欲求,那就很可能走向歧途了"①。作为高级社会性情感的道德情感,虽然与人的其他生理性情感和基本社会性情感一样,都属于人的内心体验。但是,道德情感方面的体验是后天发展起来的,它服务于人的各种社会性需要。所以,人的道德情感要在人的社会化过程中予以培养。而且,仅当社会对人的道德要求随着教育过程和人主动地自我学习,而潜存于人内在的意识深处,并最终转变成为个人对自身的自觉要求时,道德情感才有可能产生。

于是,在讨论大学生道德情感教育问题时,必须回归学校教育这一主要途径,学校始终是道德情感教育的主导。而且,道德情感教育和任何教育形式一样,需要遵循教育本身的规律,运用科学的原则和方法。苏霍姆林斯基就告诫我们,没有情感就没有教育。但

---

① 周之良:《德育新论》,北京师范大学出版社1997年版,第234页。

情感的布施不是无缘无故的，而是要注重方法和分寸。因而，大学生道德情感教育是一项系统工程，"是培养人的精神面貌的工作中的最艰巨任务之一"①。它既需要学校、家庭和社会等各方面的广泛参与，也需要学生个体加强自我教育，积极发挥自身的主体地位，不断提高道德修养。有鉴于此，我们可以从内外两条路径着手，共同促进大学生道德情感的发展。在外在路径方面，为了契合笔者研究的主旨，主要基于学校教育的维度，而内在路径则主要是指大学生道德情感方面的自我教育。

第一节 大学生道德情感教育的学校德育路径

学校教育由于其组织性、计划性和系统性，对学生的影响较其他因素更为明显，是培养人才的主战场。杜威就认为，在决定一个人的综合素质方面，学校虽然不是唯一的工具，但"是第一工具"②。而且，"在大规模的复杂社会中，没有任何一种个人属性能比他所受到的教育更能一贯地、强有力地预言他的态度、价值和行为"③。大学是年轻学子正式踏入社会之前最重要的一块跳板，它对大学生的道德影响是全面、深刻而系统的。从道德情感的产生来说，它"是人们参加社会道德生活和接受道德教育的结果"④。因此，大学作为一个自组织系统，在大学生道德情感的教育上是能有所为，也应该有所为的。

笔者对S大学的调研结果显示，绝大部分学生（82.8%）认为

---

① [苏联] 苏霍姆林斯基：《爱情的教育》，世敏、寒薇译，教育科学出版社2002年版，第14页。
② [美] 约翰·杜威：《人的问题》，傅统先等译，上海人民出版社1988年版，第27页。
③ [美] 阿列克斯·英克尔斯、戴维·H. 史密斯：《从传统人到现代人》，顾昕译，中国人民大学出版社1992年版，第197页。
④ 朱贻庭主编：《伦理学小辞典》，上海辞书出版社2004年版，第88页。

学校进行道德情感教育是有必要的（见表2.9）。但同时，只有5.5%的学生认为老师的教育和指导对自己的道德影响最大，远远低于父母、自己的社会实践及媒体网络的影响（见表2.5）。这一方面说明了，家庭教育、社会实践及媒体网络等对学生道德发展具有重要性，但从另一方面也反映出，学校在德育方面还存在不足。因此，为了进一步增强教育实效，大学不能失却对学生道德情感的观照与教育。大学德育亟须开启一场"破冰之旅"，为大学生道德情感的养成提供有利有效的条件与支持，使得他们的情感世界在无形中受到陶冶，享受到情感体验带来的心灵悸动，进而构筑起丰富而崇高的道德情感世界。

一　德育理念上：以"以人为本"为"真理念"

（一）"以人为本"德育理念的提出

"只有借助于新观念，问题才能得到解决。"[①] 道德情感教育不仅关涉教育的方式方法问题，更是一个教育理念的问题。理念在一定程度上决定着具体的实践方法与手段。大学德育要寻求革命性突破，必须依赖于教育理念的转换，树立"以人为本"的德育理念。从根本上来说，改革和完善德育理念，既是德育深层改革的需要，也是培育大学生道德情感的基本思想前提。而且，"以人为本"德育理念的提出本身有着极其坚实的理论依据。

首先，以人的全面发展理论为核心的马克思主义人学理论，是德育与道德情感教育的哲学理论基础，而人的全面发展的核心即人的主体性的发展。

其次，从高等教育及德育的特点来说，高等教育的"根基仍然在人，人本身是出发点，人本身是目的"[②]。而大学德育作为培养

[①] ［英］科森：《教育研究与波普尔的认识论》，选自瞿葆奎《教育学文集——教育研究方法》，人民教育出版社1983年版，第63页。

[②] 张楚廷：《高等教育哲学通论》，高等教育出版社2010年版，第102页。

人、塑造人的实践活动，更不能不为人着想，不能不体现出对人的关怀。诚如有学者所说的，"以人为本是现代大德育思维的价值理想。……理应是德育的天然规定"①。

"以人为本"的德育理念，表现在教育实践领域，就是要确立学生的主体地位。德育作为一种属人的、社会性的活动，本质是一种价值教育。当然，为了确保教育的规范化与高效率，国家和各级学校在应然层面对个体品德进行预设无可厚非，德育在目标、内容、方法、手段的确立上也往往带有人为的痕迹。但归根到底，"人的主体性是一切道德活动的原动力"②。道德行为主要是出自于行为主体情感意志的自主、自决与自愿。

道德哲学和道德心理学的相关研究就证明，没有主体参与，或在主体非自觉自愿参与下的道德发展，都不是真正的道德发展。在这种情况下，德育的有效性也就自然大打折扣。因而，我们绝对不能把德育课堂看成是传授道德命令，或进行道德影响的中心，而必须将它看作是一个年轻人能在其中学会亲自进行道德思考的环境。

因此，有效的德育必须建立在尊重受教育者主体地位的基础上，更何况，人的生命存在本身就蕴蓄着巨大的德性潜力。如孟子就认为，人皆有四端，即："恻隐之心，仁之端也；羞恶之心，义之端也；辞让之心，礼之端也；是非之心，智之端也。"（《孟子·公孙丑章句上》）要唤醒学生主体的德性潜能，德育需要做的是积极引导和开发，从生命的内在逻辑中将蕴藏于学生本性之中的德性潜能发挥出来。如果忽视学生的主体地位，即使德育制度设计得再完美，也无助于人的德性养成。

最后，从学校德育的现实来看，现代性教育的工具化倾向造成了人的"主体性的黄昏"，在"无人"的教育过程中，学生逐渐患上了道德失语症，其主体道德情感的培养也无从谈起。"我们的教

---

① 张澍军：《德育哲学引论》，中国社会科学出版社2008年版，第45页。
② 周中之：《"道德与人的主体性理论"观点综述》，《道德与文明》1987年第1期。

育失去了人,忘记人有思想、有感情、有个性、有精神世界,就失去了一切。"① 它时常因为"目中无人"而显得"病态十足",最终导致教育逐渐丢弃了"人是主体"的要义,出现教育理论与实践中的"人学空场"。"失去了人的教育"在某种程度上已经愈来愈成为了现实德育的真实写照。

仔细分析,以往德育失败的一个重要原因,就在于道德拔高,推崇"圣人道德""英雄道德",企图用最高的道德标准来提升学生的境界,而漠视了学生主体内心的情感需求与接受能力。诚然,"忘我牺牲""大公无私""公而忘私""先人后己"等道德信条具有非常大的社会理想价值。然而,"一切道德规范的设立,必须合情合理,切实可行。不能过于理想化,格调太高,或甚至于不合情理,强人所难。否则,人是人,道德是道德"②。这些信条存在的根本缺陷,就是其中蕴含的"排我"的道德指向。这样的道德价值往往因"我"的缺席或是主体性的丧失,而失去了对学生的吸引力,最终只能成为学生眼里可望而不可即的"空中楼阁",因而难以长久。

笔者在对S大学的调研过程中,有30.2%的学生就认为,当前学校在对他们的道德培养中存在的最大不足是没有确立学生的主体地位(见表2.4)。虽然,近些年来,在轰轰烈烈的教育改革助推之下,德育在形式上出现了不少人本化的改革,表面上也给学生留出了一些自主道德判断与选择的空间。但究其实质,这种自主与开放只是形式上的,学生的自主选择依然顺从和服从于道德权威,并囿于国家和教育者预定的结论与要求之中。哈特就清醒地看到了过于依赖外在道德权威对于学生自主性的危害,认为:"当代信息社会的道德难题的根源不在于缺乏道德引导,也不是缺少激励。其中的

---

① 杨叔子:《是"育人"非"制器"——再谈人文教育的基础地位》,《高等教育研究》2001年第2期。
② 欧阳教:《德育原理》,文景出版社1985年版,第8页。

原因部分在于，我们已经习惯于依赖外部的道德权威或智力权威，从而使我们阻碍和延迟了孩子积极辨别价值和美德的能力的发展。……其真正原因是我们不能以自己为基点，而是训练学生以外在的制度化的权威为基点。"① 是故，当前学校进行的所谓人本化的改革，并没有从根本上实现道德主体的转移，终究是不彻底的。

"以人为本"德育理念的提出就是针对当前德育中的这种"无人化"现象的积极回应。在科学技术飞跃发展、唯理智教育被奉为圭臬的当下，必须进行一场德育观的转变，把"总体的人"推到德育理论的前台。总之，我们要谨记这样一条"道德形而上学"原则，即人是目的。

（二）确保学生主体地位的措施

道德学习作为一种个人化的非常复杂的、高层次的精神活动，需要学习个体对一定的道德知识进行充分的思考、理解、吸收。尤其是道德的意义，更需要通过学生内心的情感体验加以领会并进一步内化。这就要求，学校在确立德育目标、内容、方法、手段时，在考虑国家立场和确保"政治正确"的前提下，要高度尊重与关切学生主体的生命价值与情感需要，以确保学生在德育中的主体地位，这也是从根本上消解詹姆斯·麦克莱伦所提出的"或者无效或者不道德"的现代德育佯谬（paradox of moral education）的出路所在。

具体而言，要确保学生的主体地位，道德情感教育可以从以下几个方面入手，以更好地符合受教育者的主体特征及生存状态。

首先，要关注学生情感需要，突出教师引导与学生体验。苏联教育家赞可夫认为："道德教育法一旦触及学生的情感和意志领域，触及学生的精神需要，这种道德教育法就能发挥高度有效的作用。"② 道

---

① ［美］托宾·哈特：《从信息到转化：为了意识进展的教育》，彭正梅译，华东师范大学出版社2007年版，第117页。
② 吴佩杰：《道德教育的责任和追求：社会转型期高校德育研究》，广西人民出版社2009年版，第43页。

德情感本质是人内心的一种高级社会情感需要。教育者不能以一副高高在上的"布道者"姿态，用自己的主观意愿代替学生的独立思考或自主选择，并企图在道德领域的相关问题上确立标准答案，而是要突出学生对道德感信息的"选择性注意与接受"，引导他们按照真实的意愿作出道德判断与选择。

一是要加强对学生的人文关怀，密切关注并合理引导、满足大学生道德情感方面的多元需求，帮助学生掌握道德规范转化的时机和道德情感发展的方向，最终促进他们道德情感自我教育能力的提升。

二是要注意培养和发展学生更高层次的道德情感需要，最终通过教育的努力，使其不断得以丰富和提升。

三是在充分考虑学生情感特点和情感需要的基础上，教育者要让学生在真实的道德情境中感受体验。唯有如此，才能引起学生的情感共鸣，激发他们的道德潜能，进而建构起正确、稳定的价值意识，形成高尚的道德情感。

其次，要提高受教育者的自我教育能力。道德的基础是人类精神的自律。真正具有道德意义的德育，并不是把行为准则和道德准则强加于学生，使学生成为"美德袋"，而是要启发他们的道德良心，实现道德自治、自律，并最终达到道德自觉。培育大学生的道德情感，就是要唤醒道德成长主体真正的内在自觉。教师可以通过建立和谐而友善的教育环境，激励学生主动将道德内化为道德信念，再外化为相应的态度或情感体验，最终实现由学校教育向自我教育的转化。

最后，德育目标设定上要体现层次化与序列化。学校在德育目标的设定上，既不能是对人性毫无提升的道德底线，以培养道德犬儒主义，也不能是学生无法企及的道德信条，以培养道德圣徒。而应当形成一个价值等级序列，从学生内在的情感需要出发，把"我"这个学生主体推到道德的最前台，引导学生以满足自我为起点，以超越自我为目的，促进学生在道德的知、情、意、行等方面的全面、充分发展,最终逐步达到至善的目标。

二 德育方法上:以实践性体验作为真方法

"只有人们的社会实践,才是人们对于外界认识的真理性的标准。"① 本质上,大学生道德情感教育既是一门科学,更是一门艺术。作为科学和艺术的有机统一,它不仅要有正确的理念,更要有适宜的方法,使教育内容和目标付诸实施。需要注意的是,方法虽然具有形式上的主观性,但任何方法都不可能是人们随意制定的,更不是心灵的"自由创造",它只能来自客体的内容和运动规律,从而表现出内容上的客观性。恩格斯就把方法看作是对象的类似物,认为方法选择必须以是否适应研究对象为标准。因此,对于德育而言,其方法的选择在尊重德育基本属性的前提下,还务必尊重德育的对象——"人"的思想认识形成与发展的基本规律。

(一) 实践属性是德育的基本属性

人的主体本质,只有在自主实践中才能产生并不断发展。对于实践的历史意义,阿伦特曾如是说道:"我们以言说和行动让自己切入人类世界,这种切入就像人的第二次诞生。"② 反映在教育领域,理论教育和实践教育相结合,就构成了大学德育的基本原则。小约翰·福克斯就认为:"最强有力的大学德育形式,就是将教育与学生日常行为联系起来,与行为给他人造成的后果联系起来,与个人生活的长远意义联系起来。"③ 要培育大学生的道德情感,学校除了要持有以人为本的德育理念、还需要以实践体验作为最基本的方法依托。

---

① 毛泽东:《毛泽东选集》(第1卷),人民出版社1991年版,第284页。
② [美]汉娜·阿伦特:《人的境况》,王寅丽译,上海人民出版社2009年版,第139页。
③ [美]哈瑞·刘易斯:《失去灵魂的卓越:哈佛是如何忘记教育宗旨的》,侯定凯等译,华东师范大学出版社2012年版,第127页。

1. 实践是教育的基本属性

教育是关于"人"的活动,教育最终成果,必须通过学生在亲身实践体验过程中的探究、领悟与运用才能获得。实践不仅为人类发展创造了物质前提,还蕴涵着特殊的教育功能。如,汉代学者刘向就说:"夫耳闻之,不如目见之;目见之,不如足践之;"(《说苑·政理》)朱熹也认为:"为学之实,固在践履。苟徒知而不行,诚与不学无异。"(《朱子大全·答曹元可》)陶行知在"做学教合一"的原则之下打过一个比方:"接知如接枝",也就是我们必须有从自己经验里发生出来的知识做根,然后才能把别人的经验接得上去。① 当今,越来越多的学者和教育家普遍认识到了教育与行动之间存在的密切关系,认为教育相比其他行为更具有行动性,教育本质上就是一种行动。因此,教育在实施过程中必须遵循"行动的逻辑",使学生负责地去行动乃是教育的根本目的。

2. 道德本质上一种实践精神

"关于道德不仅是人的意识的属性,而且也直接是其行为的属性,以及道德正是在人的行动中,也就是在活动的具体举止中表现出来的论点,对于哲学来说,不是新鲜的东西。"② 道德作为人们把握世界的一种方式,其本质是一种实践精神。这是道德区别于其他社会意识的根本特征。道德的生命力并不在于纯理论说教,而是在实践过程中通过感受和体验,不断地修正和强化社会认可的道德行为规范。马克思主义经典作家直接把实践或人的感性活动引入了人的认识和道德领域,认为:"人的思维是否具有客观的真理性,这不是一个理论问题,而是一个实践的问题。"③ 从此,实践在人类道德发生发展中的地位得以确立,道德被理解为人的实践。现代马克

---

① 陶行知:《中国教育的觉醒》,群言出版社2013年版,第206页。
② 中国社会科学院哲学伦理学研究室编:《现代世界伦理学》,贵州人民出版社1981年版,第48—49页。
③ [德]马克思、恩格斯:《马克思恩格斯选集》(第1卷),中共中央马克思恩格斯列宁斯大林著作编译局译,人民出版社1995年版,第55页。

思主义伦理学家继承了马克思主义经典作家的观点，从人的具体实践与活动框架中理解道德的本质。如，苏联伦理学家阿尼西莫夫就宣称："行动之外没有道德"①；麦金太尔也有言："正是实践，我确立了德性的意义和功能。"②

因此，我们可以得出结论：德性源于实践，与实践相伴随，并回归于实践，属于一种"行动的逻辑"。德性成长就其本质来说，无疑属于康德所说的"实践理性"的范畴。我们常说的道德水平，不仅指道德判断能力，更包括道德实践水平。这是因为，知道应该如何做是一回事，去不去做又是另外一回事。道德判断在很大程度上是理性判断，道德实践则纯属价值判断。而且，价值判断不是理性教育所能改变的，它在很大程度上要受到个人主观意识和道德情感的影响。

3. 实践的观点是马克思主义德育思想的基本观点

实践的观点既是马克思主义哲学认识论的基本和首要的观点，同时也是马克思主义德育思想的基本观点。具体的教育实践告诉我们：客体化的道德知识由于与生活与实践绝缘，因此既无助于解决现实生活中的道德问题，也对人的德性生成与发展毫无助益；另外，就道德的内在结构来说，道德本身就是知、情、意、行的辩证统一，若离开了具体的社会生活实践，道德将变得毫无意义；而若离开了实践，德育也必将沦落为空洞的清谈和软弱无力的说教。

德育作为人类实践活动的需要和产物，是一种影响人们思想政治素质，并按社会主导意识形态，去培养符合社会需求的人的实践活动。只有通过给个人提供作出道德决定的具体实践经验，才可能促进人的德性发展。更何况，道德学习只有经过个人在实践中的反复体认和感受才能进行。

---

① ［苏联］C. 阿尼西莫夫：《道德是人活动的一个方面》，选自中国社会科学院哲学伦理学研究室编《现代世界伦理学》，贵州人民出版社1981年版，第47页。
② ［美］阿拉斯戴尔·麦金太尔：《德性之后》，龚群等译，中国社会科学出版社1995年版，第253页。

所以，我们可以认定：实践不仅是德育发生作用的基础，也是衡量德育是否适当、有无成效及成效大小的唯一准绳，实践性是德育的基本属性。这里所说的实践性，具体包含三个方面的含义：一是德育必须适应当时社会实践的客观状况和客观要求；二是德育必须引导受教育者实际地践行道德义务；三是德育教育者必须首先践行道德义务，先正己后教人。

（二）实践性体验活动是道德情感教育的重要载体

自由自觉的实践作为人的活动的基本特征，也是人的存在的一个永恒的本质维度。"离开了探究，离开了实践，一个人不可能成为真正的人。"① 学生作为教学实践活动的主体，其主体性的发展必须在实践体验中加以实现。在杜威看来，学习就是一种基于真实情景中的真实体验。什么是"体验"？这个问题至关重要，因为人文社会科学是以之为出发点和归宿的。

具体而言，体验与真实性任务紧密相联，它是指个体通过亲身实践，并经由自己的切身感受、领悟及内心的情感体验，最终形成个体的性格、态度、信仰的过程。对于体验的作用，诚如有的学者所说，体验"可以超越经验，达到理性，超越物质，达到精神；超越暂时，达到恒久"②。由此可以看出体验与德性，特别是与道德情感形成之间不可分割的关联。

1. 德性在实践性体验中生成

"'道德'是直观的、体悟的、内省的知识，'科学'是抽象的、逻辑的、外求的知识。"③ 道德的发展并非直接学习的结果，它必须建立在广泛的社会生活经验基础之上。因此，道德学习具有区别于其他认知学习和技能学习的特殊性，其本质是一种体验性学习。

---

① ［巴西］保罗·弗莱雷：《被压迫者教育学》，顾建新等译，华东师范大学出版社2001年版，第25页。

② 石欧、侯静敏：《在过程中体验——从新课程改革关注情感体验价值谈起》，《课程·教材·教法》2002年第8期。

③ 汪丁丁：《跨学科教育文集》，东北财经大学出版社2009年版，第119页。

我国的学校德育往往以认知学习和技能学习的规律来组织道德学习，这种从抽象形式出发的道德教育，往往忽视学生具体的道德实践和真实的情感体验，热衷于纯理论的说教，习惯作逻辑思辨的推演，从而使道德教育从根本上丧失了魅力源头，并引起学生道德认知的模糊，道德也无法真正被个体所内化，最终对于学生的德性提升毫无助益。

因而，要提高德育实效性，就必须为学生提供在某种环境条件下作出决策的经验，重视他们通过直接的体验感受而产生的个体认识，并形成他们自己的情感——态度系统和意义世界。学生主体的具体实践性体验是促成德性生成、完成德育内化的有效途径，是道德教育的本体。

2. 道德情感教育要以实践体验活动为载体

对于德育而言，道德认知或判断能力在很大程度上属于理性判断，它是关于一个人知道应该如何去行善的问题，而道德实践能力则属于价值判断的范畴，它是关于一个人实际上去不去行善的问题。学生的道德认识更是只有通过具体而鲜活的道德情感实践体验活动，才能根植于他们的精神世界，内化为他们自己的价值观念，并外化为言行举止，进而形成积极的道德情感、坚定的道德信念和崇高的道德行为。笔者在对S大学学生王某的访谈过程中，王某就认为，通过社会实践，他的最大收获是：

> 第一，（增强了）与人交往沟通的能力；第二，培养自己的责任担当；第三，加深同学间的友情；第四，可以塑造学校形象。

德育从本质上来说是为了影响人、化育人的心性品质，这种品质反映了人的内在需求，因而是个人的、自主的、真实存在的。而且，人在实践活动中的情感体验又正好是人存在的最真实的反映。有了情感体验，认知对象的客观信息才具有了主观意义，认知内容与个人心理之间才能产生"共鸣",进而触动个体的情感需要、唤醒内部动机,并升华为道德信念,最终成为追求德育目标的驱动力。

如若缺少了这种属人的、鲜活生动的切身体验,那么,个体就不可能对道德产生强烈的认同,并把道德深植于内心。传统的德育往往使受教育者身处自然与生活逻辑的双重背离之中,受教育者不断机械地熟记着各种抽象理论与知识,而具有生命意义的情感体验却在德育过程中严重缺失。对于脱离了实践体验的德育的弊端,我国有学者就指出:"情感体验的缺失,尤其是道德情感体验的缺失,是当前青少年道德成长中最令人担忧中的一个问题,其直接结果是青少年的情感世界苍白、内心荒漠化、缺乏同情心,情感智力发展滞后,交往技能缺乏,心理承受力低下,社会信任度低,理想信仰被逐步瓦解,反社会人格凸显。"[①]

在笔者对 S 大学的调研过程中,有 40.1% 的学生认为,当前学校在对他们的道德培养中最大的不足,即是德育模式的呆板僵化(见表 2.4)。他们大多意识到,只有在灵活多样的道德实践中,通过自己的亲身体验才能加深对道德的领悟。在对担任大一班长丁某和大四学生会干部王某的访谈中,他们都认为,虽然自己找的社会实践活动占多数,但总的来说,学校学院组织的实践活动还是比较多的;而从对全校学生的问卷调查结果看,很多同学都反映,学校的大多数实践活动偏向于学生干部,提供给普通学生的道德实践机会要少得多。因此,他们希望学校能对学生一视同仁,多组织他们参加一些志愿者活动、社会公益活动,或是各类能激发他们情感的现场活动。在对丁某进行个别访谈时,问及对学校德育开展方式方法的建议,她说:

我觉得一般学校都会开设道德教育讲座,但是很多学生都

---

① 郑信军:《青少年的道德情感:结构与发展》,浙江大学出版社 2015 年版,第 84 页。

不愿意去听，去了也只是玩手机玩游戏等，我建议学校可以以道德为主题，开展一些活动、比赛，比如，道德微电影大赛，道德相关的辩论赛等，道德实践活动，学生大多会比较感兴趣，也会认真对待，从而提升道德。

"情感是伟大的老师，但它的教育方式不是传统的课堂类型，它主要是通过生活中苦难和快乐的经历来教育我们。"[①] 随着网络生活方式的转变，孤独的单子式存在日益普遍化，高校除了通过课堂教学这一主要渠道加强对大学生道德情感的教育，还可以通过多种途径提供机会，经常开展一些有目的、有组织、有计划的道德实践活动，同时采取各种激励措施，让学生走出自我的小圈，积极走向他者，使学生通过切身的参与主动积极地认识、体验、实践，明确是非、善恶、美丑的标准，把道德规范和要求进一步内化，从而加深道德认识，提高道德觉悟，增强道德判断能力，使道德情感得以丰富和强化，进一步养成良好的道德行为习惯。

总之，要把实践性体验作为道德情感教育的"真方法"。一个完整的德育过程，应该是体验者的认知推理活动、情感体验活动与具体践行活动的结合。而且，通过体验，德育的主体性、情境性与生成性才能进一步凸显。大学生只有在生动而多样的道德实践活动中，通过善与恶的对比，亲身体验并感悟崇高的道德情感或道德情操的力量，才能加深对道德观念、道德情感和道德情操的理解，最终实现明道与践行统一，形成比较稳固的道德情感。

三 德育师资上：以高尚人格作为教师的"真修养"

教育是开启人的心智，改造人类灵魂的工作。"一个学校能不

---

① ［英］弗朗西斯·威尔克斯：《理智与情感——如何通过情感调适获得成功》，吴乃华等译，世界知识出版社2001年版，第19页。

能为社会主义建设培养合格的人才,培养德智体全面发展,有社会主义觉悟的有文化的劳动者,关键在教师。"① 苏霍姆林斯基就认为:"榜样的力量仍然是最好的教育方式……课程教学至多只能算是学校教育意义的一半,另一半是只有通过教师的人格才有可能实现的真正的心理教育。"② 可见,教师的人格引领,特别是情感倾向在大学生道德情感教育过程中起着关键性作用,它能有效联动学生的能力与品质,从而培养出具有高尚道德情感的学生。

(一) 教师对学生的影响

我国历来就有尊师重教的传统。孔子说:"其身正,不令而行。其身不正,虽令不从。"教师对学生的教育影响,不是通过强迫灌输来实现,而是通过教育者终身公开地对道德行为规范身体力行,并在日常教学和其他各种活动中,给学生始终如一的积极影响。卢梭就认为:"在敢于担当培养一个人的任务以前,自己就必须要造就成一个人,自己就必须是一个值得推崇的模范。"③ 道德的本质力量,并不在于用合乎逻辑的语言或是理论去说服别人,而在于让自在、自足的道德通过言论与实际行动彰显出来,从而影响和感召别人。对于德育而言,德育的实践性就要求德育教育者必须首先践行道德义务,先正己后教人。具体的教育实践也证明,在德育方法上,以言传身教最为有效。

(二) 教师教育学生的道德条件与道德情感方面的具体要求

1. 教师教育学生的道德条件

"每一个行业,都各有各的道德。"④ 那么,在什么条件下教师

---

① 邓小平:《邓小平文选》,人民出版社1983年版,第105页。
② [苏] 苏霍姆林斯基:《给教师的建议》,杜殿坤译,教育科学出版社1984年版,第414页。
③ [法] 让·雅克·卢梭:《爱弥尔》(上卷),李平沤译,商务印书馆1991年版,第99页。
④ [德] 马克思、恩格斯:《马克思恩格斯选集》(第4卷),中共中央马克思恩格斯列宁斯大林著作编译局译,人民出版社1995年版,第240页。

才有道德上的权利来教育学生呢?

对此,众多思想家和教育家们都表达了他们的看法。如,苏霍姆林斯基认为:"只有在这样的条件下,——用形象的话来说,就是在知识的活的身体里要有情感的血液在畅流"①;马克思也指出:"如果你想感化别人,那你就必须是一个实际上能鼓舞和推动别人前进的人"②;还有某位加拿大学者就把认知和情感比作乐曲的低音和高音,并把教师当作驾驭乐曲基调并使之和谐的人。认为如果教师在教学中只强调认知而忽略情感,学生就很可能成为感受力低下、情感匮乏的人,从而不仅影响学生的德性、审美甚至精神的健全,而且还会伤害到认知本身。于是,他最终得出结论:教师的专业知识不能代替他对学生的同情心。③ 根据上面的论述,我们不难看出,教师自身的道德情感水平对于塑造学生道德情感的重要意义。

2. 对教师道德情感方面的具体要求

德育过程实质上是一种心理活动。道德情感传递是德育过程中不应忽略的重要环节,而传递的关键则是教育者的示范作用。只有教育者具备高尚的道德人格,才能真正对受教育者产生感化作用。"智慧要靠智慧来培育,良心要靠良心来熏陶。"④ 杜威就一直强调:"真正的道德教育不在于我们教了什么,而是我们怎样教。我们自己才是学生身边的教科书。"⑤ 可以说,关心、理解、尊重、信任、爱等是增强师生之间情感的纽带和沟通师生间心灵的桥梁。学生对

---

① [美]托宾·哈特:《从信息到转化:为了意识进展的教育》,彭正梅译,华东师范大学出版社2007年版,第100页。

② [德]马克思、恩格斯:《马克思恩格斯全集》(第42卷),中共中央马克思恩格斯列宁斯大林著作编译局译,人民出版社1979年版,第155页。

③ 参见朱小蔓《关注心灵成长的教育:道德与情感教育的哲思》,北京师范大学出版社2012年版,第445页。

④ [苏联]苏霍姆林斯基:《给教师的建议》,杜殿坤译,教育科学出版社1984年版,第423页。

⑤ [美]哈瑞·刘易斯:《失去灵魂的卓越:哈佛是如何忘记教育宗旨的》,侯定凯等译,华东师范大学出版社2012年版,第87页。

待学习的态度首先取决于教师对待学生的态度，取决于教师的热忱和信念。特别是对于学校德育来说，"对人的尊重，对人的爱护是教育良知的基础"①。荣格也断言："理解的心灵是一个教师的一切……对学生的热情是育人育树的根本。"②

从生理与心理层面来分析，大学生情绪情感的感受性是最为丰富和敏感的，因此，大学阶段是大学生道德情感形成的最佳时期。他们对教师的态度表情、行为举止、语音语调，都有特殊的敏感性和强烈的深刻性。笔者在对 S 大学学生的访谈过程中发现，学生一般都喜欢和蔼可亲、随和、爱和学生打交道、没有架子、幽默的老师，而不喜欢过于严格苛刻的老师。故而，教师对学生产生影响，靠的不仅是他们的知识和技能，还有他们的情趣、情愫和情操。乌申斯基就认为："成为学生心理活动中心的是情感，而不是思想。教育者应该把学生正当情感的形成作为自己的主要目的。"③ 在他看来，教师的情感和人格魅力，对学生心灵上的影响是"任何教科书、任何道德箴言、任何惩罚和奖励制度都不能代替的一种教育力量。教师的信念和个性品质在教育中，具有决定性意义"④；20 世纪 60 年代在英国兴起的体谅德育模式的代表人物麦克菲尔同样坚信："品德是感染来的而非直接教来的，……教师在关心人、体谅人上起道德表率作用"⑤；美国心理学家罗杰斯的"非指导性道德教育"模式则宣称，在教育中创设富有民主、信任、尊重的情感氛围，对学生秉持友好、关爱的态度，是培养学生道德情感和完善道德人格的重要条件。如果德育过程中有任何的强制，学生的情感需求受不到触动，那么，即使表面接受了，道德理论也只是停留在"关于道

---

① 张楚廷：《教育哲学》，教育科学出版社 2006 年版，第 171 页。
② [美] 托宾·哈特：《从信息到转化：为了意识进展的教育》，彭正梅译，华东师范大学出版社 2007 年版，第 88 页。
③ [苏联] 乌申斯基：《人是教育的对象》，郑文樾等译，选自单中惠、杨汉麟主编《西方教育学名著提要》，江西人民出版社 2000 年版，第 272 页。
④ 戴本博主编：《外国教育史》（中册），人民教育出版社 1990 年版，第 385 页。
⑤ 黄向阳：《道德教育原理》，华东师范大学出版社 2000 年版，第 242 页。

德的知识"这一层面,仅此而已,既不能内化为道德信念,更无法转化成实际的道德行为。长此以往,还可能使学生产生逆反心理。这也是传统学校德育低效的主要原因。

情感之于教育的重要性就要求,教师在充分了解学生情感需求的基础上,要努力提高自己的情感水平。尤其是在课堂教学过程中,教师要营造良好的沟通情境。哈贝马斯曾就理想的沟通情景提出三个"有效性要求":一是"真理性要求";二是"正当性要求";三是"真诚性要求"①。那么,对于课堂教学,尤其是德育课堂教学过程来说,真实性,就要求教师要提供生动的、富有感染力的真实生活情境中的事例,以丰富大学生道德实践的间接经验和情感内容。只有情感化了的道德知识,才能促进受教育者品德的形成。情感的这种引导与深化的作用常常是道德教育成败的关键;正当性,就要求教师鼓励并支持学生发展他们自己的思考活动,而不是向他们描述那些观念化的"正确的"思想模式或者答案。因为"如果学生感到他们应该学会某人的道德见解而不是发展他们自己的思维,那么,为了获得好的成绩,他们将很快学会如何说那些正确的东西;这样的'训练'对于形成学生自己实际作出决定的能力几乎没有什么积极的效果"②;真诚性,就要求在沟通过程中,教师不要隐瞒自己的价值观,要对他的学生以诚相待,"只有在一种坦率和个人诚实的气氛中,才能促进道德的发展;……如果一个人不愿努力使课堂人本主义化,他就几乎不可能成为一个好的道德教育教师"③。只有真情实感、诚心实意才能拨动人的心弦,引发人的共鸣,实现道德感染。正如孟子所说:"至诚而不动者,未之有人;

---

① 阮新邦:《批判诠释与知识重建——哈贝马斯视野下的社会研究》,社会科学文献出版社1999年版,第41—42页。
② [美]罗伯特·霍尔、约翰·戴维斯:《道德教育的理论与实践》,陆有铨等译,浙江教育出版社2003年版,第47—48页。
③ [美]罗伯特·霍尔、约翰·戴维斯,《道德教育的理论与实践》,陆有铨等译,浙江教育出版社2003年版,第190页。

不诚，未有能动者也"（《孟子·离娄章句上》）。唯有教师自己坚信的价值观才能对学生产生有效的影响，否则在学生眼中教师就是虚假、伪善的人。这种虚情假意，非但不能感动人，反而会招致学生的反感甚至唾弃。

所以，教师要努力将以理服人与以情动人的教学法统一起来，使道德理论融入学生心中的感情，让他们不仅了解一定的道德知识、道德关系及要求，还能发自内心地接受，并自觉按照这些要求去履行相应的道德责任与义务。

具体而言，师生间的情感又通过对他们之间交往活动和相互关系的直接作用，而影响教学或教育的最终效果。相关调查研究表明，青少年的道德情感存在师生关系与教师有情施教上的差异。一般来说，青少年的道德情感随师生关系渐好逐级提高，随有情施教教师比例上升而渐次提升。① 造成教育失败或学校冲突的根源往往在于师生关系处理不当，尤其是教师不善于与学生交往。奥地利著名教育家布贝尔也认为，师生间的相互接触与教育意图相比，前者更具有教育效果。

师生交往及关系在教育活动中的重要意义已被很多研究所证明。然而，近年来，随着"科研至上"的大学评价与分类观念的愈演愈烈，教学进一步边缘化，其所产生的直接后果就是师生关系的淡漠、疏离乃至异化。大部分教师在学生的印象中都是"急匆匆地来，急匆匆地走"，师生之间的交往与交流严重阙如，有效的言传身教更不可能。陶行知很早就发现："现在我们国里的大学，……大约十之八九有一种通病。这种通病是什么呢？就是教师与学生的关系太疏远了。"进而，他总结道："大学教育的要素有二，一个是使学生养成用科学方法解决问题的能力。一个是教师与学生应当养成密切的关系。一个是关于思想。一个是关于情操。"② 师生关系的

---

① 参见卢家楣等《我国青少年道德情感现状调查研究》，《教育研究》2010年第12期。
② 陶行知：《中国教育的觉醒》，群信出版社2013年版，第94页。

疏离与紧张已成为一个令全社会关注的焦点问题。环顾全球，"在许多院校，教师与学生的亲密关系已荡然无存——如今，当教师无法组织小班化讨论时，师生间的对话也销声匿迹了，取而代之的是'远程学习''自主学习'、大班教学，练习册代替了师生面对面的交流。为了保住同事和自己的饭碗，教师们视创收为当务之急"①。

笔者在调研过程中也发现，除了个别学生党员干部，大部分学生同教师的关系都比较疏远。"亲其师才能信其道"，大学生的心理特点决定了这个年龄阶段的学生"亲师性"比较强。而情感又具有迁移功能，因此，"一个深受学生爱戴的教育者所说的话，比一个与他格格不入的受他们鄙视的人所说的话，他们接受起来是完全不同的；从后者口中说出来的即使崇高的思想，也会变成可憎恨的东西"②。如果学生对某个老师有好感，他们便会"爱屋及乌"，不自觉地对这位老师的思想及所教授的课程产生兴趣。我们可以想象，一个冷漠的教师是无法和学生建立起情感联系的，更不可能对学生的道德情感发展起到表率作用，他只会损害学生的心灵，使学生对他及他所教的内容产生排斥，甚至对立情绪，从而导致教育的失败。

调研过程中有很多学生表示，师生关系还有待改善。他们建议：教师要以身作则，为人师表，增强与学生的交流；此外，还要加强对包括学校领导、行政人员、后勤等在内的广大学校教职员工的道德素质建设。在对 Y 老师的访谈过程中，谈及教师对于学生的影响，Y 老师认为：

> 有些老师有影响，不仅是知识能力上的，更有思想精神上的，有些可能只限于知识了。而且有些老师可能是不好的影响，

---

① [英]安东尼·史密斯、弗兰克·韦伯斯特主编：《后现代大学来临?》，侯定凯等译，北京大学出版社2014年版，第7页。
② [苏联]克鲁普斯卡娅：《克鲁普斯卡娅教育文选》，卫嘉译，人民教育出版社1959年版，第22页。

如传播消极情绪、攀比心理等,这跟我校由多个中专、专科学校合并而成有关,老师的素质、境界差异很大。比如要学生上课不说话,但老师自己开会时也不安静。

在价值多元、社会道德底线常常被冲破,功利主义日益泛滥的当下,教师的责任更显艰巨。这主要是因为,复杂的社会环境使得"学生要克服的障碍……愈是繁重,对教师的要求就愈多。教师为有效对付这一切,只能展示极为多样的教学才能以及表现出不仅是权威的,而且也是情感同化、耐心和谦虚等的人文品质"①。马丁·布伯曾对真正的师生关系作过精辟的阐释:"真正的教师与其学生的关系,便是这种'我与你'关系的一种表现。"所以,要想从根本上改善师生关系,教师必须把学生"视为伙伴而与之相遇",并"根据对方的一切因素来体会这种关系"②。

同时,教师或学校务必以公正公平的态度对待每一个学生,做到一视同仁、爱无差等。在访谈过程中,学生王某就反映:

> 现在学校里确实存在一种现象,有钱有势有权的子弟往往是学校里问题最突出的学生,违规后学校不敢处理,影响就很恶劣,所以需要奖惩分明。

假使教师在学生面前不能履行公平公正的原则,学生将会丧失对教师的信任,进而严重影响正义感这一道德情感的形成。在网上时常引发争议的国内某些知名高校混乱的"掐尖大战",更是暴露出了当前大学教育对教育公平原则的漠视与践踏。这种做法,不仅有可能在这些所谓的高才生心里埋下不公平竞争的种子,而且也会

---

① 联合国教科文组织国际教育发展委员会:《教育——财富蕴藏其中》,教育科学出版社 1996 年版,第 139 页。
② [德] 马丁·布伯:《我与你》,陈维纲译,生活·读书·新知三联书店 2002 年版,第 114 页。

直接影响到在校大学生的价值观,从而阻碍他们道德情感的健康发展。

此外,教师要有爱的情感。"真正的教育,乃是帮助个人,使其成熟、自由、绽放于爱与善良之中。"① 对于爱与教育,有学者曾经把它们比喻为水与池塘的关系②;罗素也宣称,没有爱的情感,知识与教育不能产生效用;斯普朗格甚至认为,教育的本质就是以爱为中介的文化传递。这些言论足以说明爱的情感之于教育,尤其是德育的重要意义。因此,真正的道德情感教育必须是"一个真实的自我与另一个真实自我之间的爱的沟通"③。教育的根本目的,应该是鼓励和促进既有能力,又懂得关心人、爱护人,同时也值得别人爱的人的健康成长。爱,作为一种深刻的情感和爱默生所言的"最伟大的善",既是学生的基本心理需要,更是教育的原动力和鉴别教育的尺度。受教育者爱的能力与品质的形成,有赖于教育者的爱。因而,爱是教师情感资质的核心。

必须承认,当前大学生中出现的道德冷漠现象在一定程度上就是由于教育爱的缺席所导致的。现实中,有一些沾染了商业习气的大学,它们最为关心的,不是通过爱的给予培育学生良好的道德情操,而是从他们身上索取利益回报。而且,教育者的索取对学生也产生了同样的影响,不少学生将学校教育仅当成谋生的准备。于是,学校和学生之间就形成了一种简单的互惠互利关系。哈佛学院前院长哈瑞·刘易斯就认为:"学生与大学的关系,正逐渐演变为消费者与出售昂贵商品和服务的卖主之间的关系。"④ 通过这样的教育过程,我们的大学培养了一批批的所谓"人才",却难以培养出

---

① [印度]克里希那穆提:《一生的学习》,张南星译,群言出版社2004年版,第22页。
② 参见[意]德·亚米契斯《爱的教育》,夏丏尊译,中华书局2012年版,序言。
③ [德]雅斯贝尔斯:《什么是教育》,邹进译,生活·读书·新知三联书店1991年版,第93页。
④ [美]哈瑞·刘易斯:《失去灵魂的卓越:哈佛是如何忘记教育宗旨的》,侯定凯等译,华东师范大学出版社2012年版,第5页。

有爱、有道德情感的高尚的人。这就规定了，教师在工作与日常生活中，不能无视学生的情感与个性，采取简单、粗暴的方式对待学生，而必须表现出对学生的爱心、责任心和使命感，充分了解并尊重学生人格。

法国著名教育家狄德罗曾告诫教师：不允许漠视学生的情感，因为教师的漠视就是一种摧残，这是不能容忍的。鉴于教师爱的情感之于学生道德人格的重要性，有学者呼吁："无论现实如何变幻莫测，也无论是社会使命的驱使，还是自然责任使然，对于'爱''心灵'等原始意义的呼唤始终是教育者不可推卸的责任"[①]。因此，做一名好老师，就需要有一颗仁爱之心。

对于学校而言，则可以通过大力宣传和弘扬教师道德模范的先进事迹，树立正标杆、传播正能量，从而以教师高尚的道德情感及人格魅力引导学生心灵，以达到激发和感染学生，以情育情的良好效果。

四　德育环境：以良好的校园氛围作为"真情景"

从道德发生学的视角来看，道德是高度情境化的。"人们的观念、观点和概念，一句话，人们的意识，随着人们的生活条件、人们的社会关系、人们的社会存在的改变而改变。"[②] 如果只是在与具体情境无关的环境下传授道德，这样的德育注定是低效甚至无效的。在柏拉图看来，一个人是从他与环境的相互作用中而学习的，好的行为就是一个好的本性倾向与好的环境相互接触的结果。因此，对于道德情感教育而言，除了引导，环境的熏陶才是关键。

（一）环境的内涵

"环境"的内涵有广义与狭义之分。就广义的环境而言，它泛

---

① 董云川等：《寻找迷失的象牙塔》，人民出版社2012年版，第109页。
② ［德］马克思、恩格斯：《马克思恩格斯选集》（第1卷），中共中央马克思恩格斯列宁斯大林著作编译局译，人民出版社1995年版，第291页。

指影响生命机体生命、发展、生存的一切外部条件的总和；而狭义的环境，是指人和事物在某一既定时刻所处的客观条件。具体到德育环境，则是指影响人的思想政治道德素质的形成、发展，以及德育活动的一切外部因素的总和。它主要包括社会的政治、经济、文化环境，及具体的学校环境和家庭环境。在此，笔者仅从狭义的含义上分析影响大学生道德情感发展的学校环境。

（二）环境在道德情感教育中的作用

"道德生活的无数事实告诉我们，同样是一个人，在不同的道德环境中，其道德情感的状态是不同的。"① 因此，人是环境的产物。道德情感作为一种高级的社会性情感，其产生必须基于一定的情境。

对于大学生而言，他们大部分时间身处校园环境之中。可以说，优美的校园环境是滋养学生心灵的沃土。康德在《判断力批判》一书中明确提出了"美是道德的象征"这一命题，认为美是培养具有高尚道德情操的中介，而人又是"按照美的规律来构造"②。对于中华民族而言，美的概念往往是与善的概念联系在一起的，如许慎在《说文解字》中就认为：美与善同意。因此，美育对于道德的陶冶与提升不可或缺。其中，优美的校园环境就是美育的一个重要载体，能对学生的道德情感起到很好的熏陶作用，这一陶冶过程，诚如德国著名教育学家李特所说，其"作为学生主体能量被激活的心理活动，是融注了被教育者全生命、全人格的整体活动，是调动整个丰盈的生命力总体投入的'高峰体验'"③。学生在美好环境的陶冶下能潜移默化地受到道德的熏陶、情操的醇化以及人格的提升。我国著名教育家涂又光提出的"泡菜理论"说的也是这个道理。

---

① 李建华：《道德情感论——当代中国道德建设的一种视角》，北京大学出版社 2011 年版，第 240 页。

② [德] 马克思、恩格斯：《马克思恩格斯选集》（第 1 卷），中共中央马克思恩格斯列宁斯大林著作编译局译，人民出版社 1995 年版，第 47 页。

③ 邹进：《现代德国文化教育学》，山西教育出版社 1992 年版，第 101 页。

2015年9月,国务院办公厅印发的《关于全面加强和改进学校美育工作的意见》提出,美育既是审美教育,也是情操教育和心灵教育,能潜移默化地影响人的情感、胸襟,激励人的精神。其中,学校美育改革的指导思想即:"培育和践行社会主义核心价值观融入学校美育全过程,根植中华优秀传统文化深厚土壤,汲取人类文明优秀成果,引领学生树立正确的审美观念、陶冶高尚的道德情操、培育深厚的民族情感、激发想象力和创新意识、拥有开阔的眼光和宽广的胸怀,培养造就德智体美全面发展的社会主义建设者和接班人。"①

环顾如今的大学,令人遗憾的是,虽然"今天的人们向往个人的自主和渴求人间的温暖,但学校的不涉人情的结构却助长了无个性和无感情"②。在教育国家化、大众化、正规化、科学化的驱动之下,大学作为学术和教学的共同体,及类似于家庭的感情共同体,正不断走向衰落,并逐渐演变成了科层制机构,变成"道德贫乏"的场所。特别是前些年我国的高校扩招和合并热,进一步加剧了大学的巨型化、科层化。大学里随处可见豪华气派的大楼,"巨无霸"大学不断涌现,但这些冷冰冰的建筑物却因少了历史与文化的底蕴,而显得与大学的高贵品质格格不入。近年来兴起的一种高等教育现象——大学城建设,更是拉大了师生之间的空间与心理隔离,从而使优良的校园文化和师生间的良性互动失去了依托。初入高等学府的学子们被无情地抛离了城市,他们成了新时代城市郊区的"留守儿"。正如苏霍姆林斯基所说:"哪里有冷漠,哪里也就不可能有人类的真正的高尚情操。"③ 在爱的情感极度匮乏的遭遇之下,大学校园中的年轻学子们在精神上的空虚与心灵上的孤独可想而知,他们道德情感的培养、提升更是无从谈起。而且,校园里的冷

---

① 参见《国务院办公厅关于全面加强和改进学校美育工作的意见》,国办发[2015]71号。
② [加]江绍伦:《课堂教育心理学》,邵瑞珍等译,江西教育出版社1987年版,第2页。
③ [苏联]苏霍姆林斯基:《关于教育道德的一封信》,刘伦振译,《外国中小学教育》1989年第1期。

漠不仅存在于师生之间，也广泛存在于同学之间。曾有这样一则报道，在中国生活了4年的浙江大学韩国留学生金毅然，她经常在大学里看到如下的情景：

> 中国学生总是独自一人到食堂吃饭，不到10分钟吃完了；总是一个人骑自行车上下课，而且骑得飞快；总是一个人在校园里散步，耳朵里还塞着耳机……这些看来要与朋友一起进行的事，中国学生往往一个人完成。竞争造成的微妙关系让同学之间称得上朋友的只是个位数。而据一些班主任说："现如今以班级为单位开展活动不像过去那样简单，召集所有人见上一面已经是个不容易的事，再加上90后个性多元，众口难调。"①

笔者对 S 大学学生丁某进行个别访谈时，问及现实与理想中大学的区别，她其中就谈到了一点，即感觉"同学之间不像以前那么友好了"。仔细分析，有多种原因共存造成了大学校园里同学之间的情感冷漠，它既与当代大学生成长的环境密切相关，也有在学业、就业竞争和评先争优方面的原因，但同时和我们无情的学校环境也不无关系。因而，要丰富学生的道德情感，营造出适合学生道德情感生长的德育环境是不可或缺的。

（三）德育环境的营造

德育课程从分类上来说，包括德育显性课程和德育隐性课程。德育显性课程，又可分为认知性德育课程和活动性德育课程。因此，在努力营造德育环境的过程中，可以从微观的教学环境，也即德育显性课程教学环境，以及宏观的教学环境即校园文化入手。

1. 良好微观教学环境的营造

德育课程并非天生乏味，只有立足课堂、创新形式、丰富内容，

---

① 谢三平、肖谈谈：《群居孤独症困扰大学生》，《中国青年报》2010年9月3日。

营造良好的充满情感的教学微观环境，才能让学生真心喜爱，并且终身受益。

首先，在认识性德育课程即德育课堂教学的内容方面，教师在引经据典的同时，可以多观照社会，积极理性地回应社会中存在的一些学生关心和感兴趣的现实问题，并积极寻找贴近大学生生活实际的典型案例和人物，将它们作为理论知识与大学生实际相结合的有效切入点引入课堂。只有这样，才能拉近德育课程与学生的距离，引起学生情感上的强烈，进而形成强烈而稳定的爱国感、正直感和责任感。在与S大学学生的访谈过程中，王某就认为：

> 我觉得以现实中的问题来阐释课本的理论是一种很好的方式，现在的学生很少有静心读书的习惯，尤其理论性很强的书，枯燥乏味。如果教师照本宣科，基本课堂上就是睡倒一片，或者低头族盛行。

在课堂教学方法上，可以运用道德两难问题讨论法。因为道德两难问题本身就包含了道德情感与道德原则的冲突，通过对这种冲突的讨论，可以促进学生自主道德辨别与判断能力的发展。

此外，课堂教学可以多围绕爱国、责任、正义、感恩、关爱等主题展开对话，让学生在民主参与的气氛中，或是通过情境参与和角色扮演来培养他们的爱国感、同情感、责任感、正义感等道德情感。柯尔伯特就非常重视情境参与和角色扮演在道德情感教育中的作用，认为"如果一种道德教育要有所作为，就必须鼓励人们参与到社会中去"。其中，"最好的办法是提倡民主化的参与机会"[1]。他通过对比公正学校群体与传统"家长式"学校中的学生发现，前者比后者有更多的群体归属感、责任感与集体荣誉感。

需要引起注意的是，为了在课堂上吸引学生，个别思政课教师

---

[1] 袁桂林：《当代西方道德教育理论》，福建教育出版社2005年版，第68页。

一味迎合学生的个人喜好，教学过程完全脱离甚至违背了开设思政课的根本宗旨，满堂课充斥着黑色幽默与笑话，或是对社会的埋怨之词。《辽宁日报》的记者就曾在 2014 年奔赴全国 20 多所高校，通过随堂听课，整理出了十几万字的听课笔记，最后总结出了"大学课堂上的中国"的三类主要问题：第一是缺乏理论认同；二是缺乏政治认同；三是缺乏情感认同。具体表现在：有的老师把自己生活中的不如意变成课堂上的牢骚，让学生做无聊的"仲裁"。把社会上的顺口溜和网络上的灰色段子当作论据，吓唬学生"社会险恶"，劝导学生"厚黑保身"等①。虽然，教师采用如此极端、随意、情绪化的方式确实能吸引学生的眼球，但课堂过后，他们的道德水平依然如故，甚至反而会致使学生产生一些消极、迷茫情绪。试想，如此缺乏公正、理性的课堂，又何以能培养学生崇高的道德情感？访谈中，在谈及学校的思政课教学时，王某就说：

> 为了提高教学质量，完成教学任务，（思政课）老师只能是靠将课外的东西与课内结合，或者用看视频的方式来唤起学生兴趣。

但当笔者问到这种教学对学生的道德发展有无实际影响时，他用了"三分钟热度，课内可能泪流满面，课外又抛到九霄云外了"来概括。而且，在他看来，思修课对学生的道德发展现状"基本没有改观，甚至有的问题还日益严重"。虽然，这只是王某在大学四年对思政课的个人感受，不能代表全校思政课教学的整体情况。但是，如何让德育课程真正发挥对学生的内在吸引力，而不只是形式上的哗众取宠，无疑是学校及德育教师应该认真加以思考的问题。总之，我们必须严格恪守一点，即："不管怎么创新课堂形式，不

---

① 参见辽宁日报编辑部《大学老师，请不要这样讲中国》，《辽宁日报》2014 年 11 月 17 日。

管课堂有多热闹，都不能忘了一根主线，思政课老师要有底线和立场意识。……在立场、观点和方法上，要引导学生正确思考，不能简单听信公知和大 V。"①

当然，除了思政课等正式的德育课程，学校还要善于通过其他各科教学渗透道德情感教育。各门课程都具有育人功能，所有教师都负有育人职责。然而，在现实的教育过程中，"人们往往会将德育的责任不自觉地推到'专门的'德育主体——德育教师身上，从而忽视了'非专门'德育主体应有的德育责任"②。在大学里，"许多教授只愿意教授那些可证实的知识……这类教授会对本学科中隐含的道德意义避而不谈，对所讲授科目中出现的道德问题一笔带过"③。"教授受聘成为学者和教师，却不能引导学生培养良好的价值观，他们不是传道解惑者。大学没有指望教授来帮助学生，却聘请咨询师和辅导员来完成教育任务。学校甚至以学生互助的方式，让学生来完成原本属于教授的教育工作。学校居然以这种释放教授责任的做法而自豪。"④ 针对这种情况，美国当代著名的教育家、心理学家里考纳重申："各科教学是学校的主要任务，如果我们不利用教学进行道德价值观教育就是一个重大损失。各科课程在价值观教育方面是个'沉睡的巨人'，其潜力是很大的。"⑤

因此，要构建起全员、全过程、全方位的德育模式，提高德育实效，"非专门"的德育教师也要善于发现、不断挖掘和探索本学科所蕴含的道德情感因素。比如自然科学或社会科学研究本身所包含的自强不息、团结协作等精神，并将道德教育融入学科教学过程之中，从而对学生的道德情感产生积极的影响。

---

① 刘博智：《让思政课活起来火起来》，《中国教育报》2015 年 2 月 9 日。
② 檀传宝：《德育教师的专业化与教师的德育专业化》，《教育研究》2007 年第 4 期。
③ ［美］德雷克·博克：《回归大学之道：对美国大学本科教育的反思与展望》，侯定凯等译，华东师范大学出版社 2012 年版，第 26 页。
④ ［美］哈瑞·刘易斯：《失去灵魂的卓越：哈佛是如何忘记教育宗旨的》，侯定凯等译，华东师范大学出版社 2012 年版，第 4 页。
⑤ 袁桂林：《当代西方道德教育理论》，福建教育出版社 2005 年版，第 257 页。

其次，在活动性德育课程，即社会实践教学活动或是班团活动中，教师可以充分利用历史遗址、革命纪念馆、博物馆等自然情境中的教育因素，对学生进行潜移默化的感染，让学生在情感场的氛围之中，积累丰富的道德情感体验和感受，从而使爱国感、责任感等道德情感得以内化和升华。

最后，无论采取什么样的德育教学形式，都要严格恪守一个共同的前提，即坚持社会主义核心价值观的引导，这是思政课的灵魂所在，任何时候都不能丢；无论何种教学形式，都必须充分发挥先进典型的榜样示范与辐射作用。先进典型教育法，是激起人们情感共鸣，引导人们加以学习、仿效榜样的一种有效的德育方法，其本质上是一种纯情感教育。与说服教育相比，它更富有可接受性和感染性，因此，对于培养学生的道德情感能起到很好的效果。

2. 优良校园文化的营造

德育隐性课程由于其教育的隐蔽性、渗透性和间接性等特征，能对学生道德情感的培养产生持久而深刻的影响，而校园文化活动无疑属于德育隐性课程的一种。当今，校园文化活动的德育功能的重要性，已越来越得到社会各界的广泛关注。"以文化人"和"以文育人"已成为新时代我国高校加强思想政治工作的重大举措。优良的校园文化具有调节心境、陶冶情操和塑造性格等德育功能。现代德育理论就认为，隐性课程比传统德育说教更贴近学生实际生活，更容易使学生接受并产生深刻的积极影响。如柯尔伯格就把校园文化当成是"一种真正的道德教育课程，是一种比其他任何正式课程更有影响的课程"[①]。

一般而言，校园文化环境，既包含校园内的设施设备和场景布置等显性的校园物质文化环境，也包含大学精神、大学理念、大学风气等隐性的校园精神文化环境，是一种无形的教育资源。其中，校园物质文化具有形象、直观的特点，不仅能美化校园，而且还能

---

① 季诚钧：《试论隐性德育课程》，《课程·教材·教法》1997年第2期。

以一定的物质文化形态感染学生，从而起到自然培育大学生高层次的艺术审美情趣和陶冶情操、净化心灵的作用，也即环境育人。苏霍姆林斯基说的"使学校的墙壁也说话"就是强调，学校环境要时时处处发挥对学生的教育影响作用；同时，校园精神文化在一定程度上又决定着大学生的精神风貌和性格特征。特别是校园精神文化中的集体生活气氛，对学生道德情感的形成具有重要影响。它一旦形成，就会使学生在无形之中受到坚定道德信念的熏陶，从而培养出高尚的道德情感。

在笔者对S大学学生王某的访谈中，在谈及学校对学生道德的影响能有何作为时，王某认为：

"大学能做的首先就是要提高学校的文化积淀。举个最简单的例子，为什么走进云大东陆校区和走进S大学会是截然不同的感觉，尤其是在云大东陆校区会有一种敬畏感，让你会在不知不觉中约束自己的行为，所以，大学第一个首要之务就是要重视校园文化的提升。""对于这种新兴的高校，因为它现在最主要的是求发展，出成绩，所以它的终点就是在各种指标上，学校去争取的都是一些和我们没多少关系的荣誉，自然就会忽略人文建设。"

接着，王某举了最近发生的一件事情作为例子：

最近学校在做昆明市创卫的复审，所以满校园都是在做创卫。但是由于临近毕业季，大四同学需要将行李托运回家，无奈只能将行李放置在公寓宿舍门前等待车辆来拉走。但是宿管中心的工作人员却强制把学生行李清走，认为把东西放在宿舍楼前影响校容校貌，不利于创卫。很明显，这种行为就违背了学校"把学生当自己的孩子培养"的理念，没有顾及到毕业生的不便，都是为了指标。

当笔者问及除了任课老师和学院老师以外，学校其他教师及行政人员对学生有何影响时，王某如是说道：

> 学校领导对我们的影响可有可无，对很多学生而言基本见不到面，见到面也不知道是校领导，存在感很低，没有那种很有个性的高校领导，比如贵州大学校长郑强这样的。而且学校领导换得太勤，我在校四年，换了四位校长，政策的延续性就很低，给学生造成一种走马观花的感觉，估计老师们有时候也会觉得"人心惶惶"。行政人员还是有接触的，比如说办证、借教室，都需要去找行政人员，总的来说，学校的行政人员是好的，但是也有一切行政人员素养不够，学生经常吃闭门羹，看脸色。

同样，在对Y老师的访谈过程中，在谈及如何进行校园文化建设时，这位老师重点强调了行政文化建设的重要性：

> 行政文化建设恐怕是很多大学都要加强的。行政人员对学生的影响其实很大的，因为学生的人生价值观正在形成中，如果他总遭遇冷漠、暴躁，会影响他的内心，他以后也会把这种做法带给别人。

Y老师接着谈到了学校领导在校园文化建设中的作用：

> 首先领导要有这个意识，不是光把几个考核的数据搞上去就行了。要真正为老师、学生办些实事，让大家觉得温暖，自然就会把校园当家园来建设。而不是搞形式，走过场，讲排场，有名无实。常常有领导说自己办了多少事，但老师却不感谢他，原因就在华而不实，或者说只是作秀。如果真的做了实事，人心都是肉长的，师生怎么会不理解，不感激?！再有，学校现在

连贴个海报都要找保卫处批，在一些人流多的地方也是严禁贴海报，说是要维护学校环境，但在我看来是一种偷懒的做法。环境是整洁了，文化氛围没了，搞场讲座要找这个那个的，干脆就不搞了，捡了芝麻丢了西瓜。

因此，要充分地发挥校园文化的德育功能，就必须让校园文化得以健康、和谐地发展，并把它作为载体来陶冶学生的道德情感。

首先，德育的目标与内容要贯穿在校园文化的建设之中，使学生身临其境地体验和感受到学校倡导的价值观念和取向，"以德陶情，以境育情"，才能丰富道德情感体验与感受。

具体来说，学校要积极发挥榜样示范作用。R. 奥迪就认为："德性无法通过学习各种道德领域的价值观念而获得，它通常是通过模仿与社会化而形成的，如果没有榜样，它也许便无法教予人。"[①] 学校可通过在校园内开展道德先锋模范的评比，加大对这些学生模范的宣传和表彰力度，让学生从身边这些生动现实的样板人物身上，获得最为真实而直接的情绪感染和情感共鸣，激发他们接受并模仿榜样，从而提高道德情感教育的效果。还可以采取海报展示、开设专题讲座、举办辩论赛、道德微电影制作、放映相关影片，或是邀请国内有代表性的道德模范来校宣讲等多种形式和途径，传播道德的正能量，以感染学生的心灵。同时，学校要鼓励学生积极参与校园文化的建设，让他们更好地解读校园文化，欣赏并感受校园文化富含的道德感染力。

其次，营造良好的校园文化，把人文校园转化为"真情景"。营造人文充盈的校园文化，需要上行下效，构建起全员、全程、全方位体系，使院墙内外的师生在无时无刻地熏陶和感染过程中达成"润物无声"的功效。只有得到过尊重和关爱的人才不会出现道德

---

① 转引自龚群、胡业平主编《德性伦理与现代社会》，中国人民大学出版社2014年版，第238页。

冷漠，也才会去尊重和关爱他人。诚如哈佛大学前校长博克所说："大学为自己设定高的道德标准，需要在政策的制定和维持方面体现道德准则，因为一所大学的价值观能从各个部门的每件小事中体现出来。这些小事往往比学校高层宣扬的政策更能传递出学校的价值观。"① 因此，学校从校领导到行政、后勤等人员在管理服务方面要改掉被人诟病的"衙门作风""官僚作派"，努力做到人性化管理，营造友好和谐的校园环境，让学生充分感受到被关心和被尊重的滋味，而不是"被"漠视和被区别对待。

需要引起注意的是，大学校长任期短、调动过于频繁已逐渐成为我国大学发展过程中的一种常态。校园文化是学校在长期的办学过程中所积淀形成的共同价值观点，而学校的文化又通常是由管理者造成的。校长作为大学的"精神领袖"，更是充当着校园文化精神的导向者。如若校长任期太短，如S大学那样四年换四任，那么，校长将很难落实自己的治校理念，稳定、和谐的校园文化也难以形成，进而对学校的建设、发展，以及学生的道德理念、道德情感及其他道德素质的养成和提高产生不利影响。当然，校长任期制的改革更需要国家从制度层面重新加以考虑推进，从而给学校和学生的发展创造一个相对稳定的制度环境。

第二节　大学生道德情感教育的自我教育路径

"教育这个概念，在广义上就是对集体的教育和对个人的教育的统一；而在对个人的教育中，自我教育是起主导作用的方法之一。"② 从根本上说，真正的教育是自我教育，而且，"只有学会进

---

① ［美］德里克·博克：《回归大学之道：对美国大学本科教育的反思与展望》，侯定凯等译，华东师范大学出版社2012年版，第162页。
② ［苏联］苏霍姆林斯基：《给教师的一百条建议》，周蕖等译，天津人民出版社1981年版，第129页。

行自我教育，才可成为一个真正的人"①。教育同自我教育是统一的过程。自我教育在一定意义上来说既是教育的结果，又是进一步教育的条件或内在动力。因此在教育过程中要充分发挥受教育者自我教育的主体作用。可以说，没有自我教育的教育，只能是一种被动的教育。而道德教育又是自我教育一个最重要的领域，加上道德情感的单元性载体是个人，所以，学生个体的自我教育理应成为道德情感教育的逻辑起点。

一 自我教育的内涵

（一）自我教育的产生

从自我教育的产生来看，它是伴随着人类社会的不断进步与个人主体意识的觉醒而出现的。苏格拉底的"认识你自己"这一至理名言，标志着人类自我意识的觉醒。伽利略说，人不可能被教，即人不是教出来的，只能帮他发现自己。联合国教科文组织在《学会生存》报告中也指出："未来的学校必须把教育的对象变成自己教育自己的主体。受教育的人必须成为教育他自己的人；别人的教育必须成为这个人自己的教育。"② 在中国古代的儒家思想中，也尤其注重个人的自我德行修养，强调做人做事第一位的即是崇德修身。早年，胡适在谈到对学生的希望时就谈到："灌进去的知识学问是没有多大用处的。真正可靠的学问都是从自修得来的。"③ 可以说，自我教育是教育的制高点，在个人成长过程中发挥着核心作用。

（二）自我教育的内涵

自我教育，作为思想政治教育的基本方法，其含义是指"受教育者按照思想政治教育的目标和要求，主动提高自身思想认识和道

---

① ［苏联］苏霍姆林斯基：《把整个心灵献给孩子》，唐其慈等译，天津人民出版社1981年版，第203页。
② 联合国教科文组织国际教育发展委员会：《学会生存——教育世界的今天和明天》，上海译文出版社1979年版，第218—219页。
③ 华东师范大学教育系编：《中国现代教育文选》，人民教育出版社1998年版，第257页。

德水平以及自觉改正自己错误思想和行为的方法"①。对于大学生而言，他们的自我意识不断走向成熟，能够较为客观公正、全面辩证地对自我和非我（他人、集体、社会、国家等）做出评价。因此，大学生通过自我教育，能较好地激发自身的内在动力，调整自己的心理、控制自己的情绪，自觉约束自己的言行。

二　自我教育与道德情感教育的关系考量

主体性作为人生存的重要维度，是道德的本质所在。涂尔干认为："道德是一个命令的体系，而个人良心只不过是这些集体命令内化的结果。"② 这里的"内化"，是指外部物质动作向内部精神，也即心理动作转化的过程。在康德看来，自律就是道德本身，他把意志"自律"的原则当作真正的道德原则，以区别于"他律"的任何道德原则。所谓自律，即个体以内心的情感和意志来支配道德情感和信念，进而产生道德动机和行为，其实质就是道德自我教育的过程。马克思也宣称："道德的基础是人类精神的自律。"③ 道德发生作用的根本机制，即实现由道德他律向道德自律的转化。发自内心的道德自律是促成道德行为，达到"从心所欲不逾矩"的根本条件。从根本上来说，道德与法是有区别的。与法的强制性不同，道德在本质上要求的是在各种关系中的个人的自主、自由、自觉地行动。可以说，道德发生作用的根本机制，即实现由道德他律向道德自律的转化。发自内心的道德自律是促成道德行为，达到"从心所欲不逾矩"的根本条件。美国心理学家柯尔伯格提出的道德发展阶段理论，也清楚地表明了个体道德判断从他律向自律的发展路向。在柯尔伯格看来，道德教化的根本任务，就是设法使人从较低的、

---

① 教育部社会科学研究与思想政治工作司组编：《思想政治教育方法论》，高等教育出版社1999年版，第144页。
② 胡守棻主编：《德育原理》，北京师范大学出版社1980年版，第319页。
③ ［德］马克思、恩格斯：《马克思恩格斯全集》（第1卷），中共中央马克思恩格斯列宁斯大林著作编译局译，人民出版社1995年版，第119页。

听从习惯或社会传统价值的道德阶段，上升到较高的、按照自由自觉选择的道德规则行动的道德阶段，从而促进个体的道德发展，使他们达到最高的原则或自律水平。

德育，究其实质，就是教育者组织、启发、引导、促进受教育者自己去认知、思考、体验、践行与创造，是受教育者在教育者的引领下将一定的社会思想、道德规范"内化"为自身的道德情感和信念。从大学生思想形成的规律来看，他们良好道德素质的形成，主要是他们根据自己的需要，有选择地接受教育的结果。外在的道德规范，必须通过学生的自主认知、思考、实践这一内化过程，才能升华为学生的道德信念，进而转化成道德行为。内化过程，实际上也就是学生自我教育的过程。因此，德育与自我教育是相互联系、相互促进的，"真正的教化方式应该建立在受教育者个体主动自觉和完全自愿的基础之上，培育受教育者个体自觉性和道德自律的生成"①。德育从本质上来说是自律教育，而非他律教育。没有自我教育的所谓德育，只会变成一种野蛮的灌输，甚至是一种精神的摧残，实则是一种伪教育，甚至是反教育。"自古以来的道德教育就强调，唯有促进本人的觉悟才能奏效，别无他途。"② 我们必须牢记一点："人，只能自己改变自身，并以自身的改变来唤醒他人。但在这一过程中如有丝毫的强迫之感，那效果就丧失殆尽。"③ 真正具有道德意义的德育，并不是把行为准则和道德准则强加于学生，使学生成为"美德袋"，而是要启发他们的道德良心，实现道德自治、自律，并最终达到道德自觉。德育从本质上来说是自律教育，而非他律教育。中共中央 国务院《关于进一步加强和改进大学生思想政治教育的意见》（中发〔2004〕16号）就把"坚持教育与自我教育相结合"作为加强和改进大学生思想政治教育的基本原则

---

① 方熹、潘梦雯：《规范教化：道德教育的应然状态》，《大学教育科学》2019年第2期。
② 钟启泉、黄志成：《西方德育原理》，陕西人民教育出版社1998年版，第29页。
③ ［德］雅斯贝尔斯：《什么是教育》，邹进译，生活·读书·新知三联书店1991年版，第26页。

之一。

崇高的道德情感是受教育者依据自身的道德需要，有选择的发展的结果。自我教育同样应成为道德情感教育的基本方法。在 S 大学的调研过程中，笔者就发现，大部分学生坚持，德育或是道德情感教育必须以学生为主体；同时，他们也认可，道德或道德情感的发展，更多要靠学生的自觉。可以说，在大学生道德情感的培育过程中，外在的学校教育和内在的自我修养即自我教育，同样起着重要的作用，二者缺一不可。德育只有入耳、入脑、入心，才会实现学生的内心自觉和主体实践，也才能巩固和深化道德情感教育的效果，取得教育的成功。

所以，就道德的产生内在于自我而言，我们决不能简单地仅把大学生道德情感的培育作为一个德育环节，抛给学校教育工作者去独自承担，它更需要每一个大学生孜孜不倦的自觉追求、向内用功。自我教育，构成了学校德育与自我修养的最佳结合点，是大学德育的长效标准和最终归宿，同时也必然成为大学生道德情感教育一条有效的内在路径。学生的自我教育是道德情感养成的前提，理应发挥道德情感教育逻辑起点的基础性作用。

三 大学生道德情感自我教育的逻辑支点

"一个人生活在社会里，要善于控制自己的动作、举止、行为和意图。只有当你的心灵里永远有着良心、羞耻、责任和义务的时候，你才会变成有道德的人。"[①]（苏霍姆林斯基语）我们可以想象，一个人没有良心、羞耻、责任和义务等道德情感的人，能对社会发展做出什么贡献。丧失了道德情感，一个人就不可能有精神上的力量、道德上的纯洁，更不可能有英勇无畏的精神。相关调查和笔者的实证研究就表明，大学生的道德情感虽然有不少积极的方面，但依然存在很多不足，时常表现为某种冲突的心理体验，极具波动

---

① 李水弟、卞桂平：《"道——德"生态及其现实意义》，《江西社会科学》2012 年第 8 期。

性。一方面，他们会因为战胜了自私自利的心理，而感到骄傲与自豪；但另一方面，他们又会因为损害了自身的利益，而觉得沮丧与痛苦。于是，在他们身上，道德情感并不是一种自然好恶之情，而是更多地包含了理性因素，从而体现为一种理性情感。有鉴于此，大学生亟须加强道德情感方面的自我教育，并形成一个自我教育的体系构架，做到他律与自律的统一，把道德情感提升到自由自觉之境。具体而言，这一道德情感自我教育的体系构架可以包括以下四个逻辑支点。

（一）正确认识道德自我

人不仅有"向外看"认识外部世界的需要，也有"向内看"认识自我的需要。虽然，借助于现代高科技的中介作用，现代人向外看的能力得以极大地增强，但与此同时，当前这个"除了技术意义之外，别无所有的世界"①却使得现代人向内看自身的冲动与能力不断地萎缩。即使想反观自身，也是把人当作客观的物质存在，以科学规定的固有方式去反观。因而，这种向内看，看到的仅是人浅层次的动物性和物质性，而非深层意义上的人自身，即人的精神性。人的正义感、同情感等一些无法精准加以量化的道德情感，在现代科技的度量面前是一钱不值的。诚如有学者所说的，"我们差不多已经变成了自己的陌生人"。而且，更为危险的是，以帮助人知道如何真实地、自发地认识自我、界定自我为首要目标的教育，却"作为现代社会的'盟友'，也在推着人远离自己。现代人远离自己的过程，也是心灵'暖死亡'的过程"②。这种远离自己的存在状态，在弗洛姆看来，就是"与自身离异"，实则是一种异化，最终将导致严重的人性及社会道德问题。针对这种压制了学生本人，使他们对自我认识不够真实自然的教育，"圣·托马斯福音"警告

---

① ［加］纪克之：《现代世界之道》，刘平译，北京大学出版社2010年版，第76页。
② 高德胜：《我们都是自己的陌生人——兼论教育与人的放逐和"归家"》，《高等教育研究》2013年第2期。

我们，其后果将是灾难性的。① 其中，道德情感的匮乏就是一个极为突出的体现。

何谓"自我"？简言之，"'自我'是人的个性结构中的根本成分，是个性最高精神意义上的中心"②。对于个人来说，个性是"自我"的形象。这个形象既是个人进行自我评价的根据，也是个人希望成为或是能够成为的那种状态，并且力求在个性的动机和方向上体现出来。正如科恩所言："推动人和人类的不单纯是生存需要，而是对永无终止的自我实现和自我确定的追求。所以，自我意识的最重要参数是将现有的'自我'与应该的和希望的'自我'作比较。"③ 可见，自我认识既是个人的自我教育过程，也是使个性不断完善和发展的过程。它既是个性内部社会性的心理现象，决定着人的个性品格，是形成人的理想、信念、价值取向和世界观的内在基础，同时也是形成人的诸如自尊心、责任感、良心感、正义感等道德情感的基础。

因此，"自我"的意义，一直是包括心理学在内的人文社会科学关注和研究的一个重要问题。卡西尔就认为，"世界上最重要的事情就是认识自我""它已证明是阿基米德点"④；苏霍姆林斯基也把正确地认识自己当作人生的真谛。维柯则宣称："对任何人来说，自知都是最强有力的激励"⑤；当代著名的发展心理学家加德纳更是把"自我认识"列为了人的多元智能之一。因此，只有真实自发地认识自我，更深层次地审视自我，并在此基础上客观地评价自我，才能发现差距，弥补不足，进而实现理想自我，也才能由此激发自

---

① 参见［美］托宾·哈特《从信息到转化：为了意识进展的教育》，彭正梅译，华东师范大学出版社2007年版，第112页。

② 李秀林等主编：《辩证唯物主义和历史唯物主义》，中国人民大学出版社2004年版，第134页。

③ ［苏联］伊·谢·科恩：《自我论》，佟景韩等译，生活·读书·新知三联书店1986年版，第393页。

④ ［德］恩斯特·卡西尔：《人论》，甘阳译，上海译文出版社1985年版，第3—4页。

⑤ ［意］维柯：《论人文教育》，王楠译，上海三联书店2007年版，第33页。

我教育的愿望与动机，并转化为自我教育的积极行动。

在道德领域，从本体论上看，道德自我不仅是道德实践的承担者和德性完善所以可能的出发点，而且对道德现象的理解，以及道德选择能力和信息评价能力的发展，也必须建立在了解道德自我的基础之上。如果缺乏对道德自我的认识，使"个体丧失意义感，就会产生情感冷漠，这是意识减少的一种表现形式"[1]。通常来讲，道德自我反映的是一个人对自身道德品质的某种认识、体验或态度，它既是自我意识发展的重要方面，也是自我心理成熟的重要表征，更是德育的重要依据和基础。所以，认识道德自我，并在此基础上实现道德自我的不断完善，是大学生道德情感自我教育的一项根本性任务。

尤其是随着新媒体时代的到来，特别是网络的无缝化覆盖，使得人们的自由度和自主性越来越大，而社会他律的控制力则相应地有所减弱。这就决定了，当今社会对道德自律的要求将会越来越高。而道德自我与道德自律无疑存在更为切近的关系。道德自律意味着，个体的道德行为不是迫于外在的强制力量，而是出于自我的自觉主动选择。有鉴于此，我们可以说，正确认识道德自我，是道德自律的前提条件。联合国教科文组织在《教育——财富蕴藏其中》的报告中就指出："要使青少年正确地认识世界，无论是在家庭、社会还是在学校进行的教育，都应首先使他们认识自己。"[2]

对于当代的大学生而言，一方面，与先辈们不同，他们从一出生面对的就是一个主体意识不受抑制，自主精神不断张扬，"个性发展"及"个人利益"日益受到关注的时代，他们在生理和心理上日趋成熟，主体意识和认识自我的能力不断增强；但另一方面，由于心理与思想上的不完全成熟，当大学生们"面对多元化的五光十

---

[1] ［美］罗洛·梅：《心理学与人类困境》，郭本禹等译，中国人民大学出版社 2010 年版，第 46 页。

[2] 联合国教科文组织国际教育发展委员会：《教育——财富蕴藏其中》，教育科学出版社 1996 年版，第 83 页。

色的传播度透明度与日俱增的世界,他们尚缺乏价值判断和选择能力"。因此,他们的"价值观念特别是首位价值观念难以定型,处于经常动荡变换之中"①。表现在具体的道德人格方面,就是大学生们尚存在自主性、矛盾性和发展性错综交织的状况。

所以,我们不得不承认,大学生在认识道德自我的过程中出现偏差是难以避免的,在对道德情感的自我认识上亦是如此。在对 S 大学个别学生的访谈过程中,笔者就发现,大部分学生对道德自我或自身的道德情感认识阙如,或是缺乏稳定而理性的认识。于是,加强对道德情感的自我认识,就成了大学生道德情感自我教育的第一步。在这里,需要强调的是,对于大学生而言,要真实地界定自己,不仅需要教育的引导,倾听来自父母、教师和书本的声音,更要倾听来自自己内心深处的呼唤。以自己为基点,学会积极悦纳自我,或是通过师生和同学间的相互讨论,不断发现并及时纠正自己道德情感上出现的问题,从而增强道德情感的自我认识和自我评价能力,不断升华自己的道德情感,形成稳固的世界观立场。学生们须谨记古希腊杰出的哲学家德谟克里特说过的一句名言:和自己的心进行斗争是很难堪的,但这种胜利则标志着这是深思熟虑的人。唯有如此,他们才能获得稳定的道德自我。

(二) 不断增强道德智慧

"智慧作为知、情、意的统一,是对人的最高规定。"② 知识本身并不能推动人类进行创造性的活动,唯有人类设法运用知识,也即人的智慧才是带来创造性的东西。对于教育而言,教育的目的就是为了创造智慧、提升智慧。尤其是在价值多元的时代,人们价值选择的空间得到极大拓展,但与此同时,道德情境也愈加纷繁复杂,价值冲突与道德困境难以避免。不少有识之士认识到,学生如果仅停留在对道德知识的学习,是无法应对当前这种多元且多变的

---

① 鲁洁、王逢贤:《德育新论》,江苏教育出版社 1994 年版,第 120—121 页。
② 卞敏:《哲学与道德智慧》,江苏古籍出版社 2002 年版,第 4 页。

社会现实的,严重的话,还会导致他们价值观的迷失与混乱,从而无法形成积极崇高的道德情感。基于这种担忧,杜威就断言:"具体情境的独一的和道德的终极性质的首要意义,是将道德的重量和负荷转移于智慧上去。"①

何谓"道德智慧"?哲学、教育学、心理学、伦理学等不同的学科对此有不同的阐释。仅从伦理学的角度来说,如杜威所理解的,道德智慧是指在考查道德情境时具有的"广博的同情,敏锐的感性,对于不快意事的忍耐,令我们从分析而审慎决定的诸利害的权衡"②。笔者在此倾向于杜威的理解。简言之,道德智慧,就是个体在复杂的道德情境中进行灵活判断和选择的综合能力,它是德性的标尺。在美国著名学者爱默生看来,"道德比智商高出一筹"③ 就是因为,道德智慧不仅包含道德理性,更包含一种关心人、理解人、同情人等道德非理性方面的能力,也即道德情感智慧。从结构上来说,道德情感智慧又包含了道德感知能力、道德评价能力、道德选择能力和道德想象能力,是这四种道德能力的辩证统一。

"高等教育的目标是智慧。"④ 当今社会,个人要想适应,并且超越价值多元的社会现实,道德智慧是一项不可或缺的基本素质。对于德育而言,道德智慧既是德育的核心和灵魂,也是提高德育实效性的"阿基米德点"。只有具备丰富道德智慧的人,才能拥有深刻的道德理解力和健康的道德心态,也才能形成崇高的道德情感。但是,反观我国传统的大学德育,关注的中心大多只是停留在如何提高学生的道德认知水平这一粗浅的层次。德育被简化为知识教育,仅向学生教授一些抽象的"关于道德的观念"。这种道德知识教育的结果便是:即使学生记住了各种道德名词概念,但根本无法理解隐藏在概念之后的深层涵义,道德认知没有转化为学生的道德

---

① [美] 约翰·杜威:《哲学的改造》,许崇清译,商务印书馆1958年版,第97页。
② [美] 约翰·杜威:《哲学的改造》,许崇清译,商务印书馆1958年版,第98页。
③ [美] 罗伯特·科尔斯:《道德智商》,姜鸿舒等译,北京出版社1999年版,第162页。
④ [美] 赫钦斯:《美国高等教育》,汪利兵译,浙江教育出版社2001年版,第58页。

情感和道德信念，更无法转化为实际的道德行为。这是传统学校德育低效的主要原因。

道德智慧的重要性，不仅要求学校加强对其的关注与教育，更需要把大学生视作道德智慧培养的主体。学生通过主体的参与，积极投身于丰富多样的道德实践与情感体验，不断增加道德判断与选择能力，从而为道德情感的形成、提升奠定坚实的基础。

（三）养成道德反省习惯

"无反思的思想最终只能产生坏的生活。"① 苏格拉底也有句名言：没有经过反思的人生是不值得活的。可见，自我反思对于自我的完善，以及美好生活的创建有着不可替代的作用。"人的活动本身"具有"对象性"，这是"人的根本"之一，即人的一个根本特性是反身性（或自反性），人自己可以回头来看自己。

道德学习与其他一般学习的最大不同就在于，它更强调"回到自身"，强调学习者本人的反思与体悟。个体经常对自我道德意识进行反思与合理构建，有助于消除思想中的不道德意念，促使道德自我真正成熟，形成崇高的道德情感。康德就强调："道德之陶冶，以道德律为基础而不以约束为功；一则防止恶习惯之养成；一则陶镕人心使能反省。"②

具体而言，道德反省，也称道德自省或内省，是指道德主体通过对自身道德过失或错误的积极反思，进一步强化道德意识，调整道德行为，从而达到不断超越自我、完善自我的目的。因此，道德反省既是维持社会道德规范的必要条件与客体性要求，同时也是道德主体塑造完美道德人格的自觉主动要求。它具有自我性、检讨性和反思性三个特征。道德反省有助于道德内化，主体在反省过程中，会逐渐形成对道德自我的理性认识，进而将理论上道德知识转

---

① 赵汀阳：《论可能生活》，中国人民大学出版社 2004 年版，第 12 页。
② [德]康德著，瞿菊农编译：《教育论》，选自任钟印主编《西方近代教育论著选》，人民教育出版社 2001 年版，第 213 页。

化为实实在在的道德品性。因此，道德反省不仅是一个审视自我与评价自我的过程，同时又是一个砥砺道德的过程。道德反省本身代表的是一种良好积极的道德心态，只有在这个基础上，才能形成积极的道德情感，并使其不断升华。是故，道德反省也必然成为大学生道德情感自我教育的重要环节。大学生在生理和心理上的特点就决定了，他们的情感具有一定的冲动性与波动性。于是，他们在实际的道德生活中，出现道德过失是难以避免的。中国传统儒家就极力倡导道德反省的修身方法。如，孔子就说："见贤思齐焉，见不贤而内自省也"（《论语·里仁》）；朱熹也言："人有过而能自知者鲜矣，知过而能内自讼者尤为鲜"（《四书集注·论语》），并强调："日省其身，有则改之，无则加勉"（《四书集注·论语》）；儒家还提出了"反求诸己""慎独"等与道德反省相联系或类似的自我修养方法。人非圣贤，孰能无过。犯了错不要紧，关键是要及时进行道德反省。先贤们尚能"吾日三省吾身"，更何况我们这些凡夫俗子。大学生只有养成道德反省的习惯，不断检讨自己的过失，才能及时控制，并纠正不良的道德情绪，把握自由意志与道德"应该"的界限，从而确立道德追求的方向，丰富和提升自己的道德情感，最终逐渐达到自我的超越与道德的至善。

（四）投身并体验道德生活

从认识的辩证运动来看，"认识应该向实践开放，认识的主体应以实践为基础不断调整和更新自己的思维结构，不断修正和完善自己的认识成果，从而实现主体对于客体的能动的反映与建构"[①]。如果个体仅停留在认识道德自我、培养道德智慧及进行道德反省的层面，道德还只是知识层面的道德。唯有把道德认识运用到鲜活、具体的道德实践与体验之中，个体才能通过实际的道德生活体验，培养起丰富的道德情感，从而养成良好的道德行为习惯。与此同

---

① 李秀林等主编：《辩证唯物主义和历史唯物主义》，中国人民大学出版社2004年版，第267页。

时，实践又能反过来不断修正和完善个体的道德思维；另外，从人的本质来看，人是复杂的存在，不能被简单归纳。人总是生活中的人，人的存在是为了有意义的生活。离开人的生活去谈人的教育，等于把人抽象化、简单化，换言之，即把人不当人。而从道德的起源来看，它不仅产生于人类最基本的生活活动，而且又内在于生活，是"生活的构成性规则"①。因此，生活必然充当着道德最坚实的根基，也是道德的最终归宿所在。

然而，在科学技术迅猛发展的当下，科学世界对生活世界的僭越，使得生活世界逐渐退居到了后台，并进一步被遮蔽。而远离了现实生活的道德，更是变成了抽象、空洞的教条。对于那些追求道德至善的人来说，假如不投身生活、热爱生活，并在生活中去践行道德，那么，他最终构建起的只能是道德的"乌托邦"，道德情感的培养提升也只是奢谈。大学生只有积极投身于作为道德情感唯一直接源泉的道德生活，才能深刻体会道德与生活的魅力与真谛，并产生刻骨铭心的道德情感。

概括而言，道德生活，作为人们高级精神生活的一个重要组成部分，是指人们一切道德活动的总和。与其他社会生活相比较，道德生活具有以下三个显著的特征：首先，道德生活虽然以利益关系为基础，但它又根据社会稳定与发展的要求，不断调整人们之间的利益关系，因此它又是高于利益关系的；其次，道德生活的自由是积极而有限的，它虽然以个人的自由意志为基础，但又要受到社会规范的约束与制约；最后，道德生活是规范性生活和创造性生活的统一。它既受已有道德规范的引导和制约，又着眼于未来，不断创造出新的道德生活。根据道德生活的上述特点，不难看出，人们在道德生活中必然少不了特殊的情感体验和行为方式。

综上，道德生活虽然更多地表现为一种理性生活，但它又是以

---

① ［英］米尔恩：《人的权利与人的多样性——人权哲学》，夏勇等译，中国大百科全书出版社1995年版，第52页。

情感的形式而存在和运行。自我体验就属于自我意识的情感成分，它以体验的形式表现出个体对自己的态度。只有借助于体验理解的方式，才能完全把握道德生活的真谛。故而，在了解道德生活的基础上，大学生必须深入体验道德生活。道德生活中不允许有"看客"，每个人都是道德主体与客体的统一。从这个意义上说，深入道德生活，就要求学生个体不能只是扮演道德生活的"旁观者"，或是担任道德生活的"裁判员"，以一副高高在上、事不关己的"看客"姿态，对别人的道德说三道四、指手画脚。而是要敢于充当道德生活的"主角"，以"运动员"而非"裁判员"的身份，去深刻体验和充分理解真实的道德生活。唯有如此，才能有平等的道德对话，也才能体会道德生活的意义。而且，亲临其境的道德生活体验，能让大学生产生浓烈而真实的道德情感，并在内心世界留下深刻的烙印。

  需要注意的是，大学生在道德生活实践过程中必须谨防功利主义的倾向。通过对S大学的调研及从事学生工作的经历，笔者就发现，一部分学生仅把参加道德生活实践当作自己德育加分、评奖评优的手段与捷径。在这种急功近利的心态之下，难免会出现为了实践而实践，或是虚开实践证明等不良现象。因此，这种实践无法使道德内化于心，更不可能达到促进学生道德情感升华的最终目的。笔者曾在我国高校第一家"道德银行"①的成立单位——湖南某大学从事辅导员工作。笔者发现，学校、学院组织的道德实践活动，如果能兑换"道德币"，获得道德学分，则报名参加者甚众；而且，从具体的活动过程来看，那部分只图道德加分的学生在活动中的表现也是比较消极被动的，道德实践最终沦落成了走马观花式和蜻蜓点水式的表演形式。究其根本原因，是因为那部分学生并没有发自

---

① 道德银行，是指储蓄学生良好道德行为习惯的银行。它仿照银行的形式，学生把自己在学校、社会、家庭的优秀道德行为兑换成一定的"道德币"，存入"道德银行"，如有不良的行为习惯，将消费一定的道德币。其目的在于，通过这一活动培养学生良好的道德行为习惯。

内心地体验道德实践带给他们情感上的享受。故而，这种功利化的道德行为远远背离了组织和参与道德实践活动的初衷，在实质上构成了对道德的一种亵渎，这也是导致"道德银行"自成立以来一直饱受争议的最大根源。

　　大学，"是至善和德性生活的实践，是人对自我优秀的追求和品行砥砺。这是大学之个性，是我们记住大学的理由"①。对于大学生而言，只有积极投身道德生活，深刻体会道德实践对个人的享用功能，②才能在无形中促进自我道德情感的提升，最终成就"我欲仁，斯仁至矣"（《论语·述而》）的道德自由之境。

---

① 曹永国：《自我与现代性的教育危机》，福州教育出版社2010年版，第259页。
② 按照鲁洁的观点，德育对个体除了具有发展的功能，还具有一种享用的功能，即可使每个个体实现其某种需要、愿望（主要是精神方面的），从中体验满足、快乐、幸福，获得一种精神上的享受。只有在实现发展功能中不断使享用功能得以发挥，个体的道德发展及人格完善才有最内在、最根本的动力，并产生积极的效果。在鲁洁看来，只有使两种功能密切结合，道德教育才有可能真正成为一种"愉快教育"，成为一种人们所乐于接受的教育。参见鲁洁《试论德育之个体享用性功能》，《教育研究》1994年第6期。

结　　语

在西方社会科学的主流思想中，利他与利己、情感与理性通常是对立的两极。人们往往把同情等关心他人福祉的利他心理或行为视为是感性的，而把从自身利益出发的利己心理或行为视为是理性的。针对这种区分，以认知研究而闻名遐迩的瑞士心理学家皮亚杰明确表达了他的反对意见，比尔瑞森和齐米勒斯把它总结为："对皮亚杰来说，理智和情感之间的二分法是人们为了解释的方便，作为一种通用的程序人为地分析提取的。而实际情况是，一个缺少了另一个就不能起作用"[①]；著名经济学家阿玛蒂亚·森也认为，这种区分方式是有问题的：首先，情感性的利他心理或行为，不能被简单地看作"不理性"的，它也可以用理性的方式加以说明；其次，同情等具有涉他性关切特征的道德情感，也不能简单地用与理性利己相对立的方式来解释，这些道德情感中其实也包含着利己的因素。由此，通常所认为的理性与情感之间的对立，就在一定程度上被消除了。在社会科学理论的范畴内，我们不能再简单地把所谓情感性的人类心理活动，看作与理性相对立的范畴，而经济理性与道德情感之间的"斯密问题"，也并非是一个不合逻辑的"怪现象"。

---

① ［美］拉瑞·P. 纳希：《道德领域中的教育》，刘春琼等译，黑龙江人民出版社2003年版，第131页。

利己本能与同情本能作为普遍存在的人类"实然"本性，它们之间是能够相容的。①

本书封面帕斯卡尔的那段文字也告诉我们，在人的精神世界里，情感和理性并非是截然对立的矛盾体，二者本应相辅相成、相得益彰。对此，英国启蒙时期最伟大的诗人亚历山大·蒲伯曾对人的理性与情感之间的关系作过一个形象、生动的比喻："在我们以不同方式航行的生活之海中，理性是罗盘，情感是大风；"② 弗兰克也认为："在人那里，单纯的'激情'强于单纯的'思想'……这是无可辩驳的心理学公论。但是……任何一种激情也只有与某种理念联系在一起或至少戴上'思想'的面具，才能在人类生活中获得决定性的、指导性的力量；"③ 此外，脑科学的研究结果进一步显示，情感和理性能力的融合使得理智和记忆在人类中得以实现，一旦情感和理性之间的融合能够实现最大化，人类智慧将得以形成。因此，处理好情感与理性之间的辩证关系，对于人性的圆满，以及人们能否过上幸福的生活，具有深远的理论指导意义与实践价值。

同样，道德情感与道德理性之间也并不存在无法调和的矛盾。完善的道德人格是由道德认知、道德情感、道德意志、道德行为等这几个不可分割、相互关联的部分组成。卢梭、史蒂文森等人就认为，道德是由情感和理智共同建立起来的，情感与理性（理智）、道德价值与理性真理并非完全独立，它们之间是相互作用、相互影响的。而学界之所以存在对于道德基础是情感还是理性的争论，其根本原因就在于忽视了情感和理性各自在学理上的二元论结构。情感可分为道德情感（社会情感）与物质贪欲（自然情感），这两种人类情感是完全不同的；理性也可分为道德理性与科学理性，这两

---

① 王嘉：《阿玛蒂亚·森论"理性的同情"》，《道德与文明》2014年第5期。
② [美] 莫蒂默·艾德勒、查尔斯·范多伦编：《西方思想宝库》，该书编委会译编，吉林人民出版社1988年版，第345页。
③ [俄] C.谢·弗兰克：《社会的精神基础》，王永译，生活·读书·新知三联书店2003年版，第123页。

种人类理性也是完全不同的。无论是道德情感派，还是道德理性派，他们所要极力反对的其实是科学理性（或经济理性）和过度的物质性贪欲，而非真正的道德理性和道德情感。只有道德情感与道德理性相融相生，构成合力，才能塑造人们合理的价值取向。一言以蔽之，"道德情感与道德理性之间并不存在矛盾，从追求人类道德实践之至善这一基本立场看，二者其实是一种'理不离情，情不离理'的辩证统一关系。"① 所谓"理不离情"，是指道德理性要始终服务于追求道德至善这一人类情感；"情不离理"，是指道德情感必须适度，任何时候都要控制在一定的道德理性框架内，不能为所欲为、随"欲"而安。

其实，不仅是哲学家，包括教育家，以及教育生活涉及的每一个个体，都面临着如何做到道德情感与道德理性的辩证统一这一伦理难题。联合国教科文组织在《学会生存》的报告中就指出："今天的教育家面临着一件使人着迷的任务：发现如何在理性训练与感情奔放之间求得和谐平衡。"② 印度哲人克里希那穆提也宣称，思想与情感没有融合为一个整体的生活是残缺的、矛盾的，而没有培养学生对生活产生完整看法的教育，也是没有什么意义的。③

因此，笔者虽然以大学生的道德情感教育作为研究命题，但主旨并非是要偏执一端，无限夸大和过分凸显道德情感及其教育在人的品德发展及学校德育中的"一枝独秀""一方独大"，而无视甚至全盘否定道德理性，亦或是道德意志、道德行为及其相关教育的积极意义与价值。对于作为整体、和谐的生命存在的人来说，"人的本身不是别的，只是一种和谐而已"④。知、情、意、行均表现在真

---

① 杨述刚：《对理性与情感的"交互性"误解——学界道德基础纷争之根由》，《广西青年干部学院学报》2010年第1期。
② 联合国教科文组织国际教育发展委员会：《学会生存——教育世界的今天和明天》，上海译文出版社1979年版，第130页。
③ 参见［印度］克里希那穆提《一生的学习》，张南星译，群言出版社2004年版，第6页。
④ 任钟印主编：《世界教育名著通览》，湖北教育出版社1994年版，第549页。

实生活过程的不同方面。单就情与理这二者来说，在历史上，虽然很多思想家都强调情感的作用，但他们也并没有忽视或无视理性（思维）在教育中的重要性。如苏霍姆林斯基"关于情感在教育教学中具有特殊重大意义的思想，并不意味着思维要把其首要地位让给情感。这位教育家不是要求情感的优先地位，而是提出要把思维与情感融为一体，即'理智与心灵的和谐一致'"①。即使是高度重视情感智商的戈尔曼，他对理性之于情感的积极作用也是持肯定态度的："运用得当，我们的激情能明智地指导我们的思维、价值观，乃至我们的生存。但事实是，我们的激情极易岔入歧途。正如亚里士多德所言，问题不在于情感本身，而在于情绪的'适当'及其表达，我们应该关注的是，怎样才能把智慧带进情绪，把礼貌带到大街小巷，把关爱注入我们的共同生活。"② 德育的最终目标，是促进受教育者完整品德结构和整体素质的形成与发展，使受教育者的道德行为既合情又合理。用爱因斯坦的话来说，德育就是为了"造就一个和谐的人"。这就决定了，德育工作者理应实施"全人"的教育，在基于真实情境的基础上，使学生体会并实践道德推理、道德情感、道德判断、道德行为之间的复杂关联，实现知、情、意、行的整合，从而促进道德人格的整体提升。

所以，必须肯定的是，基于道德情感培养而进行的德育转型和改革，并非是从一端到另一端的激变，我们不能陷于在"两个"极端上徘徊的境地，而是要力争实现两端间的动态平衡。无论是"情"，还是"理"，二者都是"构成教育人伦原理、教育人德规范、教育人生智慧、教育人文力量的两个不可分离、不可或缺的方面。教育活动作为一种'教育——伦理'生态，其实质应当是一种

---

① ［苏联］阿·泽韦林：《苏联杰出的教育家》，王义高译，选自［苏联］苏霍姆林斯基《苏霍姆林斯基选集》（五卷本·第1卷），教育科学出版社2001年版，第33页。
② ［美］丹尼尔·戈尔曼：《情感智商》，耿文秀等译，上海科学技术出版社1997年版，前言（6）。

'寓情于理'的活动"①。只是鉴于"现在的道德问题不在于感性的泛滥、缺乏实践理性或者规范和义务之类，真正的问题是我们根本就缺乏与我们的理性水平相配的感性和感情，我们没心没肺，不能理解真正动人的真情和美丽的感性世界，不再敬佩英雄和伟人，不再为爱和友谊所感动，不再愿意同甘共苦"②的社会现实，以及因工具理性泛滥、人文情感缺失和"情理难容"的错误观念共同导致的异化的教育生态之下，大学生最为缺乏的并不是抽象的道德理性和借以取得学分的道德知识，而是对道德实践品质和实践能力最具基础性意义的道德情感这一实践道德精神结构的德育窘态，笔者在研究中突出强调了道德情感及其教育在大学德育中的地位。

总之，我们要坚信："对立面并不是彼此排斥，而是相互依存：'对立造成和谐，正如弓与六弦琴'。"③通过前面的阐述，我们可以作出如下判断：德育是整体性的德育，道德情感教育作为提高德育实效性的有效切入点和突破口，指的是那种兼顾情理双修互进与和谐丰富的教育。

更何况，生活中本就"不存在任何完美的成就；一切都在创造之中。我们看不到终点，而只看到走向终点的道路。光辉的顶点尚未到达，细致入微的改进还在继续"④（路德语）。学校的德育改革又何尝不是如此？面对学生道德素质及大学德育存在的种种流弊，学校惟有不断地寻求改革与创新，让道德情感和道德情感教育走进学生的现实生活，使爱国感、责任感、正直感、同情感等道德情感根植于每一个人的内心，并化为自由、自主、自觉的实际行动，努力实现道德情感与道德理性，以及道德意志、道德行为之间的辩证统一、相融相通，才能避免"单面人"的出现，最终促进个体合理

---

① 樊浩等：《教育伦理》，南京大学出版社2000年版，第53页。
② 赵汀阳：《论可能生活》，中国人民大学出版社2004年版，第274页。
③ ［德］恩斯特·卡西尔：《人论》，甘阳译，上海译文出版社1985年版，第288页。
④ ［德］鲁道夫·奥伊肯：《生活的意义与价值》，万以译，上海译文出版社2005年版，第98页。

需要的满足、人性的圆满和完美生活方式的实现；唯其如是，也才能让大学德育尽早摆脱困境的梦魇，使魅力德育由梦想变成现实！到那时，我们的教育改革才方能称为"真改革"，而非"伪改革"！

研究至此，本书可能在以下三个方面实现了对已有研究成果的突破：

第一，充实了道德情感理论。当前已有的道德情感研究大多为描述性的理论研究，缺乏历史研究和比较研究等深度分析。于是，研究在理论深度和借鉴意义上就表现出了一定的局限性。在本研究中，笔者追溯了道德、情感及道德情感教育的理论渊源，深入挖掘了中西方道德情感理论的历史脉络和马克思主义人学理论中与道德情感相关的元素，并对道德情感及相关概念和理论进行了认真细致的梳理；另外，笔者认为，没有认真剖析时代特点及当代社会发展状况对于道德情感的影响，是现有道德情感研究中的薄弱环节。有鉴于此，笔者立足于后工业化时代与中国社会转型时期的历史大背景，以及学校教育这一微观环境，对大学生道德情感的影响因素进行了较为深入地审视和系统的研究，从而体现出了鲜活的时代性和现实感，进一步深化了对道德情感的认识。

第二，进一步充实了研究内容。本研究始终坚持的逻辑原点与价值旨归即是对学生道德主体的尊重。通过查阅相关研究成果，不难发现，已有研究在对大学生这一特定群体的道德情感及其相关教育方面的体认方面较为欠缺。所以，在研究中，笔者通过问卷调查和深入访谈的方法，对当代大学生的道德品质和道德情感特征进行了细致具体地分析；此外，本书以马克思主义人学理论为基本的理论支撑，以具体的时代与社会特征及大学德育的实态为实践基础，深入探讨了大学生道德情感教育的路径，从而实现了道德情感研究内容的突破。

第三，做到了多种学科研究方法的综合运用。"任何一种方法总是有其内在局限性的，在这个意义上，总是与其他方法呈互补而

结　语

不是绝对拒斥的态势。"① 当今世界，真正意义上的科学研究并不存在严格的学科分界，况且任何一种研究方法总是有其内在局限性的，因此必须与其他方法相互补充。特别是"在有选择地探索高等教育的复杂现实的过程中，……求助于若干最有关系的学科和它们所提出与运用的一些观点，有很大好处"②。笔者不赞同把道德情感教育研究仅局限于某一专门学科的做法。对这一论题的研究必然涉及哲学、伦理学、教育学、心理学、社会学、思想政治教育学等多学科，因此属于综合研究。在研究过程中，笔者充分借鉴汲取以上学科的相关研究成果，运用文献分析法、比较分析法、问卷调查和深度访谈等实证研究方法与手段，从而做到了研究视角上的由单一学科研究向多学科研究的转变，并使研究得以真正"落地"。

但是，本研究仍然存在一些有待继续完善之处。笔者意识到，以下两种思路有可能成为未来研究的努力方向：

首先，是实证研究的改进与完善。

为了增强实证研究的有效性，可以进一步增加样本的体量，范围可扩展到全国各区域，访谈的人群也可适当增加，以提高研究结论的普适性；为了更详细地说明大学教育的效果，可以对大学生的道德情感发展水平开展跟踪研究，描绘出他们道德情感发展的动态，进而为科学有效地施教提供依据；如果条件允许，笔者将编制大学生道德情感水平问卷，在全国范围内进行随机抽样和测试，从而用更为精准、鲜活的数据说话，并对各项人口学变量与道德情感水平之间的关系进行深入的统计学分析，挖掘统计结果背后的深层根源。

其次，是理论的升华与模式的构建。

影响大学生道德情感的因素纷繁复杂，因此，道德情感的培养

---

① 高兆明：《伦理学理论与方法》，人民出版社2005年版，第151页。
② ［美］伯顿·克拉克：《高等教育新论——多学科的研究》，王承绪等译，浙江教育出版社2001年版，导言（2）。

和提升也必然是一项系统工程。然而，由于论文篇幅的限制，笔者只选取了学校教育和自我教育两个维度来展开讨论，从而难免使问题的解决方案缺乏总体的系统性；此外，经验研究的归宿应该是理论研究的归纳与总结。笔者明显地感觉到，整个研究，尤其是文章的主体部分，对经典理论的概述较多，而研究主题与经典理论之间的对接，尤其是二者之间的深度对话与融合还较为欠缺，对经典理论的升华也还不够，从而使得本书在研究的深度上表现出一定的局限性。为了更深入、系统地描绘出大学生道德情感教育的过程，笔者将在借鉴经典理论的基础上，试图架构出适合当代我国大学生特征的道德情感教育模式，并对学校教育、自我教育、家庭教育及社会教育等环节之间的辩证关系进行深入剖析，试图更好地为学校教育，尤其是大学德育提供一些具有操作价值与实践指导意义的方法论体系和实施策略；此外，对道德情感教育中具体如何做到道德情感与道德认知、道德意志、道德行为等的相互统一，相融相通，也将展开更进一步引申和探讨。

附 录

一

大学生道德情感教育深度访谈半结构式访谈提纲（学生）

1. 你觉得所在学校的学生道德整体情况如何？

2. 平时上思政课的时候，你会用心听课吗？其他同学呢？你觉得思政课对你的道德发展有没有影响？如果有影响，体现在哪里？

3. 平时参加社会实践的机会多吗？是学校组织的还是自己找的？参加社会实践后最大的收获是什么？

4. 学校的老师（学校领导、任课教师、思政课教师、辅导员、班主任）和其他职工（宿管、食堂工作人员、行政管理人员等）对你的道德发展有没有影响？（好/不好）如果有，你觉得谁对你的影响最大？

5. 除了上课，平时跟老师的接触多吗？你喜欢什么样的老师？不喜欢什么样的老师？

6. 你觉得学校环境对你有没有影响？如果有，校园中的什么设施最让你感触深刻？

7. 你觉得一个人的道德情感发展，主要取决于哪些方面？社会、家庭、学校、同辈群体（集体）、还是人自身？

8. 你对所在学校的德育，特别是在道德情感教育方面有什么意见或建议？

二

大学生道德情感教育深度访谈半结构式访谈提纲（教师）

1. 你觉得科研、教学、学生事务在你的生活中占了多大的比重？三者中你最喜欢的是什么？

2. 你觉得学校的学生在道德发展方面的整体状况如何？是优点多还是缺点多？

3. 你认为所在学校的学生的最大的问题是什么？是来自学业方面、道德方面或是其他方面？

4. 你觉得现在的大学生在爱国感、责任感、正直感、同情感方面有什么样的特点？

5. 你认为学生喜欢什么样的老师？觉得自己是一个受学生欢迎的老师吗？

6. 在课堂上除了教学，会利用时机对学生进行道德引导吗？

7. 除了上课，平常跟学生的交流多吗？一般就什么问题进行交流？交流过后学生的反应如何？

8. 在大学生道德情感（爱国感、责任感、正直感、同情感）的发展方面，你认为学校、社会、家庭、个人、同辈群体哪方面的影响最大？

9. 你认为在大学生的道德发展或是道德情感的培养方面，学校能做些什么？

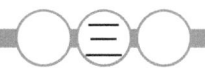

大学生道德情感教育调查问卷

亲爱的同学：

您好！本问卷旨在调查大学生的道德情感教育现状。所谓道德情感，是指个体自身的归属欲望和向善要求得以满足而引起的人的心理上的情绪反应和内心感受，主要包括爱国感、同情感、责任感和正直感等。道德情感教育则是以情感的方式对受教育者进行启迪、培养和引导，促使受教育者道德情感的形成，发展他们的自我情感调控能力，以完成道德观念的内化，促进道德品质形成的一种德育方式。请根据您的真实情况回答问题。问卷采用不记名方式，结果仅供研究之用，请您放心作答。占用您宝贵的时间，在此表示衷心的感谢！

请在符合您实际情况的选项处划"√"

1. 性别：①男　②女
2. 年级：①大一　　②大二　　③大三　　④大四
3. 专业：①文科类　　②理工类　　③艺术体育类
4. 学生干部：①是　　②不是
5. 政治面貌：①党员　　②团员　　③普通群众
6. 学习成绩：
①优秀（班级排名前10%）　　②良好（班级排名前30%）
③中等（班级排名前50%）　　④中下等（班级排名前70%）

⑤下等（班级排名后 30%）

7. 来自：

①大中城市　　　　　②小城镇　　　　　③农村

8. 独生子女：

①是　　　　　　　　②不是

9. 家庭月收入：

①10000 元以上　　　②8000—10000 元　　③5000—8000 元

④3000—5000 元　　　⑤1000—3000 元　　 ⑥1000 元以下

⑦无固定收入

你的个人月支出：

①1000 元以上　　　　②800—1000 元　　　③500—800 元

④300—500 元　　　　⑤300 元以下　　　　⑥无固定支出

10. 生活中谁对您的抚育更多：

①父亲　　　　　　　②母亲　　　　　　　③一样

④其他_____　　　　⑤说不清

她（他）的职业是：

①管理人员（机关、企事业单位）　　　②教师及科研人员

③商业、服务业　　　　　　　　　　　④务农或进城打工

11. 家庭中谁对您的道德影响更加显著：

①父亲　　　　　　　②母亲　　　　　　　③一样

④其他_____　　　　⑤说不清

她（他）的文化水平是：

①初中以下　　　　　②初中　　　　　　　③高中及中专

④大学（大专、本科）　　　　　　　　　⑤研究生

请在最符合您真实想法的选项处划"√"

1. 学校开展德育的整体情况

（1）主要晓之以理　　　　（2）主要动之以情

（3）主要炼之以意　　　　（4）主要导之以行

2. 班主任（辅导员）开展德育的情况

（1）经常讲大道理　　　　　（2）主要谈成绩

（3）启发教育为主　　　　　（4）以批评为主

3. 任课教师对学生进行德育的情况

（1）课堂中进行　　　　　　（2）课堂外进行

（3）只关心教学　　　　　　（4）只对少数人进行

4. 您认为学校现有的道德培养过程中最大的不足是

（1）对道德建设重视不够　　（2）教育内容与时代脱节

（3）教育模式呆板僵化　　　（4）没有确立学生的主体地位

5. 下面哪种方式对您的道德影响最大

（1）父母的教诲和教导　　　（2）通过媒体和网络

（3）老师的教育和指导　　　（4）自己参加一些活动进行体验

6. 学校开展道德情感教育的主要途径

（1）开设专门课程　　　　　（2）举办专题讲座

（3）班团活动渗透　　　　　（4）没有什么安排

7. 班主任（辅导员）进行道德情感教育的情况

（1）利用专门时间　　　　　（2）没有专门时间

（3）教育意识较强　　　　　（4）教育意识较弱

8. 德育教师开展道德情感教育的情况

（1）经常开展教育　　　　　（2）不常开展教育

（3）在教学中渗透　　　　　（4）基本没有渗透

9. 针对当前实际，您认为学校有必要进行道德情感教育吗？

（1）很有必要　　　　　　　（2）有一定必要

（3）没有太多必要　　　　　（4）不清楚

10. 请为您所在学校的德育，特别是道德情感教育提出几点意见或建议。

四

部分访谈资料

一 学生个别访谈

（一）受访者人口学资料

王某：男，22岁，现S大学四年级学生，学生干部，党员，于2015年顺利考上云南大学硕士研究生。

（二）访谈过程

1. 访谈时间：2015年5月18日

2. 访谈关系的建立

在访谈前，告知受访者访谈将遵守严格保密原则，在访谈中运用认可、重复、重组和总结，自我暴露、无条件积极关注等回应方式，与受访者建立起开放、真诚、信任的良好咨询关系，从而让受访者消除顾虑，打开心扉。通过摄入性会谈，采用半开放式提问等方式了解受访者在S大学的生活学习情况，及S大学在德育或是道德情感教育方面的具体而真实的信息。受访者向我们简短地描述了他在S大学四年的经历及对学校教育的想法和感受。

3. 具体访谈过程（以下基本为访谈的原始材料，小部分经笔者整理、概括）

笔者：恭喜你顺利考上云南大学研究生！

王某：谢谢！

笔者：你在学校的这四年，对大学生的道德整体状况应该有所了解，觉得他们问题多，还是优点多？

王某：问题多。

笔者：能举些具体例子来说明吗？

王某：我四年来因为加入学生会，参与学生工作，接触的学生比较多。就我们学校学生的整体道德状况而言，最突出的有以下几个方面：第一，不诚信，考试作弊很突出；第二，不懂得感恩，认为别人对自己做的事是理所应当的；第三，没有担当，交代的事情能拖延就拖延，能推开就推开；第四，个别学生炫富比较厉害，确实有很不良的影响；第五，文明礼貌欠缺，相互礼让很少，对老师尊重不够；第六，个别学生干部的恋爱观念不良，引起学生反感；第七，学生干部功利心太强，争名逐利，很少静心做事。

笔者：你的体会很深刻。平时上《思修》课，你会用心听讲吗？

王某：《思修》课其实当时认真听过，但是我的思修老师上课主要是讲一些社会问题，很少讲课本上的内容，期末考试也是勾画重点，一本书一学期下来基本上就是崭新的，也没有学生会在课余时间看《思修》这种书。一旦课程结束，更是扔到一边，内容忘得更快了。

笔者：我之前访谈过一名大一的学生，她跟你说的一样，思修课老师上课基本不讲课本，都是讲课外的东西，她觉得很有吸引力。你作为过来人，怎么看？这门课对你们的道德发展有影响吗？

王某：我觉得，以现实中的问题来阐释课本的理论，是一种很好的方式。现在的学生很少有静心读书的习惯，尤其理论性很强的书，枯燥乏味。如果教师照本宣科，基本课堂上就是睡倒一片，或者低头族盛行。为了提高教学质量，完成教学任务，老师只能是靠将课外的东西与课内结合，或者用看视频的方式来唤起学生兴趣。至于思修课对我们的道德发展的影响，其实，很明显地看出，基本没有改观，甚至有的问题还日益严重。

笔者：那老师讲的课外的东西，或是视频，能对你们的道德感，比如爱国感、同情感、责任感、正义感等等产生影响吗？

王某：三分钟热度，课内可能泪流满面，课外又抛到九霄云外了。

笔者：那你觉得《思修》课还有开的必要吗？

王某：《思修》是一门国家的课程，如果上好了，再结合上本校的实际、社会的实际，确实可以启发学生。当然，这对教师的能力就有很高的要求。这门课有必要开，但是被很多老师上砸了。

笔者：你的观点很有见地。那你个人认为，个人的爱国感、同情感、责任感等道德感的形成主要依靠什么呢？当然我这里指的道德感是稳定的。具体点讲，你觉得大学教育、家庭、社会、同学，在你的道德发展过程中都起到了什么样的作用？或者你觉得道德的发展最重要的还要是靠自身的修炼。

王某：我个人觉得个人道德感的形成主要取决于以下几个方面：第一，国家的稳定和繁荣，对内社会问题治理能够让百姓心悦诚服，对外能保证国家独立不受欺凌，国民确实能感受到国家的作用，才会对国家产生认同，才能有凝聚价值观念的可能性；第二，中国的教育亟待改革，道德的塑造最应该下大气力的是在小学和初中，但是应试教育下的问题显而易见，培养的是考试机器，不是人格健全的人，这个是需要深思的；第三，社会风气对道德的影响很重要。西方一些不良风潮的传入确实对我们的国民产生的不良影响较大，尤其是学生群体。道德发展过程中，最重要的是你周围的社会风气，所谓近朱者赤、近墨者黑。要有一个良好的氛围，那首要就是你的家庭，这是一个教育场所，其次就是家庭教育下个人的自我修炼，通过修炼去识别你周围的人，什么样的人才适合成为朋友。

笔者：你的考虑很全面，也很宏观。那你觉得，我们的大学在这方面能做点什么，来弥补中小学教育和社会风气对学生道德的影响呢？

王某：大学能做的，首先就是要提高学校的文化积淀。举个最简单的例子,为什么走进云大东陆校区和走进我们学校会是截然不同的感觉,尤其是在云大东陆校区会有一种敬畏感,让你会在不知不觉中约束自己的行为。所以,大学第一个首要之务,就是要重视校园文化的提升;第二,奖惩分明。现在学校里确实存在一种现象,有钱有势有权的子弟,往往是学校里问题最突出的学生,违规后学校不做处理,影响就很恶劣,所以,需要奖惩分明。

笔者:确实。校园环境,特别是校园文化这个软环境,对学生的影响,可能比任何形式的教育影响都要大,但是,校园文化的建设也需要很长的时间。

王某:对,对于我们这种新兴的高校,因为它现在最主要的是求发展,出成绩,所以,它的终点就是在各种指标上,学校去争取的都是一些和我们没多少关系的荣誉,自然就会忽略人文建设。

笔者:有比较才有鉴别,看来S大学要走的路还很长。你是觉得学校在"以学生为本"这方面做得还不够好,对吗?

王某:是的,我可以举个例子,就是最近发生的事情。最近学校在做昆明市创卫(创建国家卫生城市,笔者按)的复审,所以,满校园都是在做创卫。但是,由于临近毕业季,大四同学需要将行李托运回家,无奈只能将行李放置在公寓宿舍门前等待车辆来拉走。但是宿管中心的工作人员,却强制把学生行李清走,认为把东西放在宿舍楼前影响校容校貌,不利于创卫。很明显,这种行为就违背了学校"把学生当自己的孩子培养"的理念,没有顾及到毕业生的不便,都是为了指标。

笔者:看来学校到最后你们毕业临走都没能给大家留下一个好印象。

笔者:你在大学四年里,参加社会实践的机会多不多,是学校组织的还是自己找的?

王某:我社会实践主要是三个途径:第一,带领学生干部外出实践,第二,《马克思主义基本原理》《思想道德修养与法律基础》《毛泽东思想概论》这些思政部课程的课外实践,第三,自己去找一些社会实践，比如做家庭教师。学校也会组织一些实践，比如，团委会组织公交秩序维持等等的一些活动，有的活动开展得不错。

笔者：看来社会实践这块学校做得还是比较到位了。那你觉得这些社会实践，对你来说，最大的收获是什么？

王某：第一，与人交往沟通的能力；第二，培养自己的责任担当；第三，加深同学间的友情；第四，可以塑造学校形象。

笔者：你概括得很好。那你除了上课，平时和老师的接触多吗？

王某：因为担任过某某学院学生会主席，和学院、学校老师接触挺多的，和一些老师私交还很好。

笔者：你在学校人际交往范围很广，可能是因为你的干部身份。那老师和班上其他同学的接触多不多？你喜欢什么样的老师？

王某：这个就涉及大学班级的一个问题。除了个别学生以外，老师和学生接触不多，学生和老师接触也不多，甚至有的学生到毕业，连本院系的老师都认不清楚。我喜欢随和、爱和学生打交道、没有架子、幽默的老师。确实也很幸运，我遇到的不少学院的老师都是这样的，他们给了我很大的帮助，是我大学最高兴的事情。

笔者：你很幸运！那除了任课老师、班主任、辅导员，还有学院的其他老师，你觉得学校领导、行政人员及后勤、保卫处的工作人员，对你们的影响大不大？

王某：学校领导对我们的影响可有可无，对很多学生而言基本见不到面，见到面也不知道是校领导，存在感很低，没有哪种很有个性的高校领导，比如贵州大学校长郑强这样的。而且，学校领导换得太勤，我在校四年，换了四位校长，政策的延续性就很低，给学生造成一种走马观花的感觉，估计老师们有时候也会觉得"人心惶惶"。行政人员还是有接触的，比如说办证、借教室，都需要去找行政人员，总的来说，学校的行政人员是好的，但是也有一些行政人员素养不够，学生经常吃闭门羹，看脸色。保卫处和后勤的职工，是我觉得学校最值得尊重的人，但却是最不被学生和老师尊重的人，尤其是保卫处，检查学生晚归，最终还被学生口诛笔伐，觉得多管闲事。

笔者：是的，郑强校长的个性我见识过，他对学生和老师的魅力都是很大的。现在高校都在进行去行政化改革，行政人员，包括校长都要树立为教师、学生服务的理念。你之前说的宿管工作人员把你们的行李强行拉走只属于个别现象，对吗？

王某：算是吧。不过对于宿管，学生怨言也多，这不是今天讨论的重点，就不扩展开来。

笔者：好的，我们以后有机会再细谈这个问题。我最后还有一个问题，你觉得什么样的教育方式才让你们能产生情感上的共鸣，把道德内化于心？或者说你们喜欢什么样的德育方式，而不会反感或是排斥？

王某：实例讲解，不照本宣科，然后积极实践。道德教育，哪怕是一件小事，如果你不去亲自实践，不去亲自感受你的行为给别人带来的心灵的触动，说再多也不会把道德内化于心。在学校提供的平台上，多做好事，多做善事。不然经常靠一些空洞的说教和讲座来灌输学生，这样只会适得其反。

笔者：你的观点很深刻，但愿学校能多倾听你们的心声。非常感谢你能接受我的访谈。

二 教师个别访谈

（一）受访者人口学资料

Y老师：男，现S大学任课老师兼学生班主任，博士，党员，已在S大学工作五年。

（二）访谈过程

1. 访谈时间：2015年5月20日。

2. 访谈关系的建立

在访谈前，告知受访者访谈将遵守严格保密原则，在访谈中运用认可、重复、重组和总结，无条件积极关注等回应方式，与受访者建立起开放、真诚、信任的良好咨询关系,从而让受访者消除顾虑,打开心扉。通过摄入性会谈,采用半开放式提问等方式了解受访者在 S 大学的工作情况及对学校学生的道德发展、老师的职业素养、管理、环境等方面的整体印象。

3. 具体访谈过程(以下基本上是访谈的原始材料,小部分经笔者整理、概括)

笔者:科研、教学、学生事务在您的生活中占了多大的比重?

Y 老师:科研占的比重最多,其他两项要少些。因为其他两项已较为熟悉了。我已参加工作 5 年了。

笔者:就您本人来说,这三者中,您最喜欢的是哪个呢?

Y 老师:最喜欢的是科研,科研最有成就感。其他两项也还是感兴趣的。补充一点,还因为学校在科研上也有要求,尤其是对博士和高级职称者。

笔者:看来,班主任工作对您来说是得心应手了。

Y 老师:班主任工作是较为熟悉了,我还算能跟学生打成一片的。

笔者:看来您是一个受学生欢迎的老师了。您所说的跟学生打成一片是指把学生当成朋友吗?

Y 老师:也不是朋友,就是张弛有度,度由老师来把握,其实学生也会注意度的。跟学生还是应有一定距离,主要是心理上的距离。放得太开,也会带来问题。主要是要尊重、信任他们,而不是有事就数落他们。

笔者:也就是说,既要做学生的引路人,也要平等地对待学生。

Y 老师:就是这个意思。常常有老师对学生不满,可能都是拿现在自己的标准来强行要求学生,这也显然不行。

笔者:那在您看来,学生一般喜欢什么样的老师?

Y 老师:学识渊博,性格开朗,能用他们喜闻乐见的语言跟他们交流,课外跟他们交流较多,这样的老师可能更受欢迎。

笔者:您觉得学校的学生在道德发展方面的整体状况如何?是

优点多，还是缺点多？

Y老师：整体状况应该还好。优缺点都有。

笔者：具体的优缺点，都有哪些，能举几个例子吗？

Y老师：优点像朴实，较尊师重教，参加社会实践的积极性较强，勤工助学的同学比较多，很多学生都来自农村，一般都比较能体谅父母的难处，知道尽量减轻家里的负担。缺点比如不自信，较内向，不善于表现自己。有些学生浪费粮食，常能看到食堂的饭菜吃一点就倒掉。有些常抱怨食堂饭菜不好，但就我的感觉，已经可以了。还有些学生表里不一，人前人后不一，过于世故。

笔者：可能家庭背景对学生的影响还是比较大的。

笔者：那您除了上课，平时跟学生的接触和交流多吗？

Y老师：我跟他们的交流还是较多的，因为我觉得课外对他们的影响效果更好。课上讲什么内容，尤其是思想工作上的，他们会觉得有距离感，不如课后那么亲切。

笔者：课外的交流一般都是围绕哪些方面？

Y老师：课外交流主要是给他们鼓劲，督促学习，也有一些生活上的问题。学生的自信不够，需要常常打气。

笔者：您觉得交流过后学生的反应如何？

Y老师：交流后学生有几种情况，一是，马上就能听进去并有行动的，一是，过阵子才会有反响的，一是，在校没反响毕业后才有的。

笔者：那总的来说，对学生还是有影响了，只是时间的快慢。

Y老师：就是这样。

笔者：现在高校有很多老师，他们在学生眼里都是来去匆匆，课外接触的机会比较少。您觉得老师对学生的影响究竟有多大呢？

Y老师：这确实是个问题。有些老师有影响，不仅是知识能力上的，更有思想精神上的，有些可能只限于知识了。而且，有些老师可能是不好的影响，如传播消极情绪、攀比心理等，这跟我校由多个中专、专科学校合并而成有关，老师的素质、境界差异很大。

比如要学生上课不说话，但老师自己开会时也不安静。

笔者：您说得很具体，有些教师可能也需要严于律己，才能对学生起到良好的影响。

Y老师：确是如此。其身正，不令而行；其身不正，虽令不从。

笔者：我在对学生的调研过程中，有学生反映，校领导、行政人员、后勤等都需要加强道德素质，你怎么看？

Y老师：我校常常是老师说学生不好，学生也说老师不好，具体到个体上，都有道理。我的感觉，校领导还是较亲和的，可能因为我是老师吧。行政人员、后勤这方面的问题我也听过，他们有些的据说是眼睛长在头顶的。我也亲眼见过他们对学生态度很差的事情。行政文化建设恐怕是很多大学都要加强的。行政人员对学生的影响其实很大的，因为，学生的人生价值观正在形成中，如果他总遭遇冷漠、暴躁，会影响他的内心，他以后也会把这种做法带给别人。

笔者：是的。所以，这也是我们国家当前特别强调高校去行政化改革的原因了。

Y老师：行政人员的问题主要在缺乏耐心、热心，没有考虑到事情有专门性。而且，他们常会拿社会上的一套待人接物的标准来要求学生。

笔者：去行政化需要一个漫长的过程，主要是一个理念的问题。他们必须要树立为老师和学生服务的意识。

Y老师：每个职能部门可以把自己的服务职责、承诺张贴在门外，学校领导在这方面应该多站在学生立场，而不能对行政人员护短。去年我校校园摆渡车因司机打学生，校长撤销了摆渡车，这就是真正以学生为主体。还可以设如服务标兵等奖励，奖状贴于办公室，这也会影响其他行政人员，有了这个奖状，也不容他不好好服务。

笔者：您的这个建议不错。"以学生为本"是教育的根本理念，这个理念如果动摇，就会失去教育的意义，教育也不会收到良好的效果。老师也和学生一样，在管理上有时需要运用激励的方法。

Y老师：是的，但是"以学生为本"可能主要还是流于口头。要内化为一种全校教职员工的理念，不是一件容易的事情。

笔者：所以，在这个方面，学校就需要不断地进行反思和改革。

笔者：那您觉得，大学生的责任感、同情感等道德感的发展，除了可通过德育课和教师的影响，还会受什么因素的影响？比如，学校环境、学校文化、校纪校风。

Y老师：就学校来说，环境氛围确实能影响学生的情感。我校的问题是，外部环境很不错，但人文氛围欠佳。这应该是师生共同的认识。

笔者：那你觉得人文氛围要怎样才能营造起来呢？

Y老师：首先，领导要有这个意识，不是光把几个考核的数据搞上去就行了。要真正为老师、学生办些实事，让大家觉得温暖，自然就会把校园当家园来建设。而不是搞形式，走过场，讲排场，有名无实。常常有领导说自己办了多少事，但老师却不感谢他，原因就在华而不实，或者说只是作秀。如果真的做了实事，人心都是肉长的，师生怎么会不理解，不感激?！再有，学校现在连贴个海报都要找保卫处批，在一些人流多的地方也是严禁贴海报，说是要维护学校环境，但在我看来是一种偷懒的做法。环境是整洁了，文化氛围没了，举办一场讲座要找这个那个的，干脆就不搞了，捡了芝麻丢了西瓜。而且学校很少有高水平的学术讲座，但又很强调学生考研，这本身就是悖论。学生没见识过真正的学术、大家，怎么会对考研有兴趣？

笔者：是的，校园文化的建设，可能需要自上而下的整体推进，各个部门都要彼此配合，把学生和老师当成学校的主人，这样才能让师生对学校有家的感觉，这对于学生道德感的发展无疑是很好的熏陶。好的，今天的访谈就到这里了，非常感谢您能接受我的访谈！

参考文献

专著类

邓小平：《邓小平文选》，人民出版社 1983、1993、1994 年版。
毛泽东：《毛泽东选集》，人民出版社 1989、1991 年版。
毛泽东：《毛泽东著作选读（下册）》，人民出版社 1986 年版。
毛泽东：《在延安文艺座谈会上的讲话》，人民出版社 1975 年版。
毛泽东著，中共中央文献研究室、中共湖南省委《毛泽东早期文稿》编辑组编：《毛泽东早期文稿》，湖南省新华书店 1990 年版。
班华：《现代教育论》，安徽人民出版社 2001 年版。
卞敏：《哲学与道德智慧》，江苏古籍出版社 2002 年版。
曹永国：《自我与现代性的教育危机》，福建教育出版社 2010 年版。
陈法根：《心灵的秩序——道德哲学理论与实践》，复旦大学出版社 1998 年版。
陈会昌：《道德发展心理学》，安徽教育出版社 2004 年版。
陈友松：《当代西方教育哲学》，教育科学出版社 1982 年版。
戴本博：《外国教育史（中册）》，人民教育出版社 1990 年版。
单中惠、杨汉麟主编：《西方教育学名著提要》，江西人民出版社 2004 年版。
邓晓芒：《灵之舞——中西人格的表演性》，东方出版社 1995 年版。
董云川等：《寻找迷失的象牙塔》，人民出版社 2012 年版。

杜任之：《现代西方著名哲学家述评》，生活·读书·新知三联书店 1980 年版。

樊浩等：《教育伦理》，南京大学出版社 2000 年版。

费孝通：《乡土中国》，上海人民出版社 2007 年版。

冯建军：《差异与共生——多元文化下学生生活方式与价值观教育》，四川教育出版社 2010 年版。

冯友兰：《中国哲学史新编（上卷）》，人民出版社 2007 年版。

高兆明：《伦理学理论与方法》，人民出版社 2005 年版。

龚群、胡业平主编：《德性伦理与现代社会》，中国人民大学出版社 2014 年版。

胡守棻：《德育原理》，北京师范大学出版社 1980 年版。

华东师范大学教育系编：《中国现代教育文选》，人民教育出版社 1998 年版。

黄希庭：《心理学导论》，人民教育出版社 1991 年版。

黄向阳：《道德教育原理》，华东师范大学出版社 2000 年版。

教育部社会科学研究与思想政治工作司组：《思想政治教育方法论》，高等教育出版社 1999 年版。

金生鈜：《德性与教化——从苏格拉底到尼采：西方道德教育哲学思想研究》，湖南大学出版社 2003 年版。

金生鈜：《规训与教化》，教育科学出版社 2004 年版。

瞿葆奎：《教育学文集——教育研究方法》，人民教育出版社 1983 年版。

李伯黍、燕国材：《教育心理学》，华东师范大学出版社 2010 年版。

李建华：《道德情感论：当代中国道德建设的一种视角》，北京大学出版社 2011 年版。

李庆明：《教育的可能》，漓江出版社 2014 年版。

李秀林等：《辩证唯物主义和历史唯物主义》，中国人民大学出版社 2004 年版。

李泽厚：《伦理学纲要》，人民日报出版社 2010 年版。

李泽厚：《论语今读》，安徽文艺出版社 1998 年版。

李泽厚：《中国现代思想史论》，东方出版社 1987 年版。

联合国教科文组织国际教育发展委员会：《教育——财富蕴藏其中》，教育科学出版社 1996 年版。

联合国教科文组织国际教育发展委员会：《学会生存——教育世界的今天和明天》，上海译文出版社 1979 年版。

梁金霞、黄祖辉：《道德教育全球视域》，华南理工大学出版社 2007 年版。

梁漱溟：《中国文化要义》，上海人民出版社 2005 年版。

刘国强：《道德教育须情志双彰——从美国当代道德教育反思》，香港中文大学出版社 2006 年版。

刘海燕：《情感的力量：道德情感教育的理论与实践》，四川教育出版社 2002 年版。

刘智峰：《道德中国：当代中国道德伦理的深重忧思》，中国社会科学出版社 2001 年版。

鲁洁：《道德教育的当代论域》，人民出版社 2005 年版。

鲁洁、王逢贤：《德育新论》，江苏教育出版社 1994 年版。

罗卫东：《情感·秩序·美德》，中国人民大学出版社 2006 年版。

蒙培元：《情感与理性》，社会科学出版社 2002 年版。

苗力田：《古希腊哲学》，中国人民大学出版社 1995 年版。

欧阳教：《德育原理》，文景出版社 1985 年版。

戚万学：《冲突与整合——20 世纪西方道德教育理论》，山东教育出版社 1995 年版。

任钟印：《世界教育名著通览》，湖北教育出版社 1994 年版。

任钟印：《西方近代教育论著选》，人民教育出版社 2001 年版。

阮新邦：《批判诠释与知识重建——哈贝马斯视野下的社会研究》，社会科学文献出版社 1999 年版。

宋希仁：《西方伦理思想史》，中国人民大学出版社 2004 年版。

宋希仁：《西方伦理思想史》，中国人民大学出版社 2009 年版。

檀传宝：《德育美学观》，山西教育出版社 1996 年版。

陶行知：《中国教育的觉醒》，群言出版社 2013 年版。

田秀云：《社会道德与个体道德》，人民出版社 2004 年版。

万俊人：《现代西方伦理学史》，北京大学出版社 1990 年版。

万俊人：《寻求普世伦理》，北京大学出版社 2009 年版。

汪丁丁：《跨学科教育文集》，东北财经大学出版社 2009 年版。

王海明：《伦理学原理》，北京大学出版社 2005 年版。

王海明：《新伦理学》，商务印书馆 2006 年版。

魏英敏：《新伦理教程》，北京大学出版社 1993 年版。

吴佩杰：《道德教育的责任和追求：社会转型期高校德育研究》，广西人民出版社 2009 年版。

夏伟东：《道德本质论》，中国政法大学出版社 1991 年版。

许启贤：《马克思主义伦理思想史卷》，吉林人民出版社 1993 年版。

杨国荣：《伦理与存在：道德哲学研究》，北京大学出版社 2002 年版。

杨岚：《人类情感论》，百花文艺出版社 2002 年版。

袁桂林：《当代西方道德教育理论》，福建教育出版社 2005 年版。

曾新钊、李建华：《道德心理学》，中南大学出版社 2002 年版。

张楚廷：《高等教育哲学通论》，高等教育出版社 2010 年版。

张楚廷：《教育哲学》，教育科学出版社 2006 年版。

张澍军：《德育哲学引论》，中国社会科学出版社 2008 年版。

赵红梅、戴茂堂：《文艺伦理学论纲》，中国社会科学出版社 2004 年版。

赵吉惠等：《中国儒学史》，中州古籍出版社 1991 年版。

赵汀阳：《论可能生活》，中国人民大学出版社 2004 年版。

赵汀阳：《脑袋、书本及其它》，百花文艺出版社 2018 年版。

郑信军：《青少年的道德情感：结构与发展》，浙江大学出版社 2015 年版。

郑永廷等：《人的现代化理论与实践》，人民出版社 2006 年版。

中国社会科学院哲学伦理学研究室：《现代世界伦理学》，贵州人民出版社1981年版。

钟启泉、黄志成：《西方德育原理》，陕西人民教育出版社1998年版。

周辅成：《西方伦理学名著选辑（上卷）》，商务印书馆1964年版。

周辅成：《西方著名伦理学家评传》，上海人民出版社1987年版。

周晓亮：《休谟及其人性哲学》，社会科学文献出版社1996年版。

周之良：《德育新论》，北京师范大学出版社1997年版。

朱光潜：《朱光潜全集（第4卷）》，安徽教育出版社1988年版。

朱小蔓：《关注心灵成长的教育：道德与情感教育的哲思》，北京师范大学出版社2012年版。

朱小蔓：《情感德育论》，人民教育出版社2005年版。

朱小蔓：《情感教育论纲》，南京出版社1993年版。

邹进：《现代德国文化教育学》，山西教育出版社1992年版。

［奥］洛伦茨：《文明人类的八大罪孽》，徐筱春译，中信出版社2013年版。

［巴西］弗莱雷：《被压迫者教育学》，顾建新等译，华东师范大学出版社2001年版。

［德］奥伊肯：《生活的意义与价值》，万以译，上海译文出版社2005年版。

［德］布伯：《我与你》，陈维纲译，生活·读书·新知三联书店2002年版。

［德］恩格斯：《自然辩证法》，于光远等译编，人民出版社1984年版。

［德］费希特：《伦理学体系》，梁志学等译，商务印书馆2010年版。

［德］黑格尔：《美学》（第1卷），朱光潜译，商务印书馆1996年版。

［德］黑格尔：《哲学史讲演录》（第2、3卷），贺麟等译，商务印书馆1981、1982年版。

［德］胡塞尔：《欧洲科学危机和超验现象学》，张庆熊译，上海译文出版社1988年版。

［德］卡西尔：《人论》，甘阳译，上海译文出版社1985年版。

［德］康德：《实践理性批判》，关文运译，广西师范大学出版社2002年版。

［德］康德：《实践理性批判》，韩水法译，商务印书馆1999年版。

［德］赖欣巴哈：《科学哲学的兴起》，伯尼译，商务印书馆1991年版。

［德］马克思：《1844年经济学——哲学手稿》，刘丕坤译，人民出版社1979年版。

［德］马克思、恩格斯：《马克思恩格斯全集》，中共中央马克思恩格斯列宁斯大林著作编译局译，人民出版社1957、1960、1971、1979、1982、1995、2003年版。

［德］马克思、恩格斯：《马克思恩格斯选集》，中共中央马克思恩格斯列宁斯大林著作编译局译，人民出版社1972、1995年版。

［德］舍勒：《价值的颠覆》，罗悌伦等译，生活·读书·新知三联书店1997年版。

［德］孙志文：《现代人的焦虑与希望》，陈永禹译，生活·读书·新知三联书店1994年版。

［德］韦伯：《儒教与道教》，洪天富译，江苏人民出版社1995年版。

［德］韦伯：《学术与政治》，冯克利译，生活·读书·新知三联书店1998年版。

［德］雅斯贝尔斯：《什么是教育》，邹进译，生活·读书·新知三联书店1991年版。

［俄］弗兰克：《社会的精神基础》，王永译，生活·读书·新知三联书店2003年版。

［法］利波维茨基：《空虚时代：论当代个人主义》，方仁杰等译，中国人民大学出版社2007年版。

［法］利波维茨基：《责任的落寞：新民主时期的无痛伦理观》，倪复生等译，中国人民大学出版社2007年版。

［法］卢梭：《爱弥尔（上卷）》，李一沤译，商务印书馆1991年版。

［法］卢梭：《论科学与艺术》，何兆武译，商务印书馆1963年版。

［法］帕斯卡尔：《思想录》，钱培鑫译，译林出版社2010年版。

[法] 萨特：《存在主义是一种人道主义》，周煦良等译，上海译文出版社 1980 年版。

[法] 涂尔干：《教育思想的演进》，李康译，上海人民出版社 2003 年版。

[古希腊] 亚里士多德：《尼各马科伦理学》，苗力田译，中国社会科学出版社 1999 年版。

[荷] 斯宾诺莎：《伦理学》，贺麟译，商务印书馆 1997 年版。

[加] 纪克之：《现代世界之道》，刘平译，北京大学出版社 2010 年版。

[加] 江绍伦：《课堂教育心理学》，邵瑞珍等译，江西教育出版社 1987 年版。

[美] 阿德勒、范多伦：《西方思想宝库》，该书编委会译编，吉林人民出版社 1988 年版。

[美] 阿列克斯·英克尔斯等：《从传统人到现代人》，顾昕译，中国人民大学出版社 1992 年版。

[美] 阿伦特：《人的境况》，王寅丽译，上海人民出版社 2009 年版。

[美] 波兹曼：《技术垄断：文化向技术投降》，何道宽译，北京大学出版社 2007 年版。

[美] 博登海默：《法理学——法哲学及其方法》，邓正来等译，华夏出版社 1987 年版。

[美] 布鲁姆：《走向封闭的美国精神》，缪青等译，中国社会科学出版社 1994 年版。

[美] 达马西奥：《笛卡尔的错误：情绪、推理和人脑》，毛彩凤译，教育科学出版社 2007 年版。

[美] 戴维·斯特利：《重新构想大学：高等教育创新的十种设计》，徐宗玲等译，生活·读书·新知三联书店 2021 年版。

[美] 德雷克·博克：《回归大学之道：对美国大学本科教育的反思与展望》，侯定凯等译，华东师范大学出版社 2012 年版。

[美] 杜威：《民主主义与教育》，王承绪译，人民教育出版社 1990

年版。

［美］杜威：《人的问题》，傅统先等译，上海人民出版社1988年版。

［美］杜威：《哲学的改造》，许崇清译，商务印书馆1958年版。

［美］弗莱彻：《境遇伦理学》，程立显译，中国社会科学出版社1989年版。

［美］福山：《历史的终结及最后之人》，黄胜强等译，中国社会科学出版社2003年版。

［美］哈瑞·刘易斯：《失去灵魂的卓越：哈佛是如何忘记教育宗旨的》，侯定凯等译，华东师范大学出版社2012年版。

［美］哈特：《从信息到转化：为了意识进展的教育》，彭正梅译，华东师范大学出版社2007年版。

［美］赫钦斯：《美国高等教育》，汪利兵译，浙江教育出版社2001年版。

［美］霍尔、戴维斯：《道德教育的理论与实践》，陆有铨等译，浙江教育出版社2003年版。

［美］科尔斯：《道德智商》，姜鸿舒等译，北京出版社1999年版。

［美］克拉克：《高等教育新论——多学科的研究》，王承绪等译，浙江教育出版社2001年版。

［美］克莱曼：《道德的重量》，方筱丽译，上海译文出版社2008年版。

［美］肯尼迪：《学术责任》，阎凤桥等译，新华出版社2002年版。

［美］林语堂：《中国人》，郝志东等译，学林出版社1994年版。

［美］罗蒂：《哲学和自然之镜》，李幼蒸译，商务印书馆2004年版。

［美］罗洛·梅：《爱与意志》，宏梅等译，中国人民大学出版社2012年版。

［美］罗洛·梅：《心理学与人类困境》，郭本禹等译，中国人民大学出版社2010年版。

［美］麦金太尔：《德性之后》，龚群译，中国社会科学出版社1995年版。

［美］纳希：《道德领域中的教育》，刘春琼等译，黑龙江人民出版社2003年版。

［美］托夫勒：《第三次浪潮》，朱志焱等译，新华出版社1996年版。

［美］威廉·德雷谢维奇：《优秀的绵羊》，林杰译，九州出版社2016年版。

［美］约翰斯顿：《情感之源：关于人类情绪的科学》，翁恩琪等译，上海科学技术出版社2002年版。

［美］詹姆斯·H.米特尔曼：《遥不可及的梦想：世界一流大学与高等教育的重新定位》，马春梅、王琪译，上海交通大学出版社2021年版。

［苏联］季塔连科主编：《马克思主义伦理学》，愚生等译，上海译文出版社1981年版。

［苏联］科恩：《自我论》，佟景韩等译，生活·读书·新知三联书店1986年版。

［苏联］克鲁普斯卡娅：《克鲁普斯卡娅教育文选》，卫嘉译，人民教育出版社1959年版。

［苏联］列宁：《列宁全集》（第14卷），中共中央马克思恩格斯列宁斯大林著作编译局译，人民出版社1957、1959、1988年版。

［苏联］列宁：《列宁选集》（第1卷），中共中央马克思恩格斯列宁斯大林著作编译局译，人民出版社1995年版。

［苏联］普列汉诺夫：《唯物主义史论丛》，王太庆译，生活·读书·新知三联书店1961年版。

［苏联］斯卡特金：《现代教学论问题》，张天恩译，教育科学出版社1982年版。

［苏联］苏霍姆林斯基：《爱情的教育》，世敏等译，教育科学出版社2002年版。

［苏联］苏霍姆林斯基：《把整个心灵献给孩子》，唐其慈等译，天津人民出版社1981年版。

［苏联］苏霍姆林斯基：《给教师的建议》，杜殿坤编译，教育科学

出版社 1984 年版。

［苏联］苏霍姆林斯基：《给教师的一百条建议》，周蕖等译，天津人民出版社 1981 年版。

［苏联］乌申斯基：《人是教育的对象》，单中惠、杨汉麟：《西方教育学名著提要》，江西人民出版社 2004 年版。

［苏联］雅科布松：《情感心理学》，王玉琴等译，黑龙江人民出版社 1988 年版。

［瑞士］皮亚杰、英海尔德：《儿童心理学》，吴福元译，商务印书馆 1980 年版。

［意］维柯：《论人文教育》，王楠译，生活·读书·新知三联书店 2007 年版。

［意］亚米契斯：《爱的教育》，夏丏尊译，中华书局 2012 年版。

［印度］克里希那穆提：《一生的学习》，张南星译，群言出版社 2004 年版。

［英］波普尔：《科学知识进化论》，纪树立译，生活·读书·新知三联书店 1987 年版。

［英］达尔文：《人类的由来》，潘光旦等译，商务印书馆 1997 年版。

［英］费夫尔：《西方文化的终结》，丁万江等译，江苏人民出版社 2004 年版。

［英］米尔恩：《人的权利与人的多样性——人权哲学》，夏勇等译，中国大百科全书出版社 1995 年版。

［英］摩尔：《伦理学原理》，长河译，商务印书馆 1983 年版。

［英］史密斯、韦伯斯特主编：《后现代大学来临?》，侯定凯等译，北京大学出版社 2014 年版。

［英］斯密：《道德情操论》，韩巍译，西苑出版社 2005 年版。

［英］斯密：《道德情操论》，蒋自强等译，商务印书馆 1997 年版。

［英］威尔克斯：《理智与情感——如何通过情感调适获得成功》，吴乃华等译，世界知识出版社 2001 年版。

［英］威尔逊：《道德教育新论》，蒋一之译，浙江教育出版社 2003

年版。

［英］休谟：《道德原理研究》，周晓亮译，沈阳出版社2001年版。

［英］休谟：《人性论》，关文运译，商务印书馆1980年版。

期刊类

毕孟琴：《对高校道德情感教育缺失的反思》，《华北航天工业学院学报》2005年第5期。

陈柱香：《柯尔伯格的道德认知发展理论及其启示》，《学术交流》2006年第4期。

陈来：《中华文明的价值观与世界观》，《中华文化论坛》2013年第3期。

陈瑛：《改造和提升小农伦理——再读马克思的〈路易·波拿巴的雾月十八日〉》，《伦理学研究》2006年第2期。

陈勇：《全球性与民族性：21世纪公民道德教育的基本视界和维度》，《道德与文明》2000年第5期。

成尚荣：《生活德育的坚守与困境的摆脱》，《中国德育》2012年第19期。

戴茂堂：《科技进步与社会发展之间非线性关系分析》，《武汉科技大学学报》（社会科学版）2001年第12期。

戴艳、郑日昌：《小学生道德情感量表的编制》，《中国健康心理学杂志》2006年第4期。

邓兆明：《论中小学生道德感与成才》，《上海教育》2000年第6期。

刁益虎：《道德教育的现代性困境及其超越》，《内蒙古社会科学》2020年第11期。

丁为祥：《余英时"政治文化"的特色及其形成——再读〈朱熹的历史世界——宋代士大夫政治文化的研究〉》，《哲学分析》2012年第3期。

董云川、徐娟：《学校道德教育的两难困境——基于多元的社会现实与相对的哲学解析》，《思想战线》2015年第2期。

杜中杰：《试论六十年代以来传播主流学派效果研究的转向》，《现代传播》2000年第4期。

方熹、潘梦雯：《规范教化：道德教育的应然状态》，《大学教育科学》2019年第2期。

费孝通：《推己及人》，《读书》1999年第12期。

高德胜：《我们都是自己的陌生人——兼论教育与人的放逐和"归家"》，《高等教育研究》2013年第2期。

韩英军、孙飞：《大学生社会公德调查报告》，《学理论》2014年第7期。

胡金连等：《现状、变迁与启示：我国近30年大学生需要研究述评》，《昆明理工大学学报》（社会科学版）2015年第3期。

黄时华等：《大学生道德情感问卷的初步编制》，《心理与行为研究》2014年第4期。

季诚钧：《试论隐性德育课程》，《课程·教材·教法》1997年第2期。

贾长虹、卢育红：《从脑科学的研究进展谈课堂教学中的情感教育》，《河北理工大学学报》（社会科学版）2008年第4期。

蒋红、陈娜：《高校思想政治理论课"实践导向型"双主体教学模式探析》，《思想教育研究》2013年第2期。

李家莲、高静：《打开伦理学的情感之门》，《黑龙江教育学院学报》2014年第1期。

李建华：《道德情感培育的社会举措》，《吉首大学学报》（社会科学版）2000年第3期。

李水弟、卞桂平：《"道——德"生态及其现实意义》，《江西社会科学》2012年第8期。

李伟，王蓉：《高校学生道德情感教育现状与培养对策》，《产业与科技论坛》2011年第16期。

刘锋：《浅谈道德认识和道德情感的双向联系》，《道德与文明》1987年第2期。

卢家楣等：《我国青少年道德情感现状调查研究》，《教育研究》2010年第12期。

卢家楣等：《中国当代大学生情感素质的现状及其影响因素》，《心理学报》2017年第1期。

卢家楣：《情感的功能及其在教学中的作用》，《教育研究》1988年第7期。

卢家媚等：《当代大学生道德情感现状调查研究》，《教育研究》2016年第12期。

鲁洁：《边缘化、外在化、知识化——道德教育的现代综合症》，《教育研究》2005年第12期。

鲁洁：《道德危机：一个现代化的悖论》，《中国教育学刊》2001年第4期。

鲁洁：《关系中的人：当代道德教育的一种人学探寻》，《教育研究》2002年第1期。

鲁洁：《人对人的理解：道德教育的基础——道德教育当代转型的思考》，《教育研究》2000年第7期。

欧家骞：《毛泽东情感思想概述》，《湖湘论坛》1995年第4期。

戚万学：《当前中国道德教育中的文化困惑与文化选择》，《教育研究》2009年第10期。

石欧、侯静敏：《在过程中体验——从新课程改革关注情感体验价值谈起》，《课程·教材·教法》2002年第8期。

孙学功：《道德情感研究综述》，《哲学动态》1998年第1期。

檀传宝：《德育教师的专业化与教师的德育专业化》，《教育研究》2007年第4期。

唐永泽：《评"社会规范说"的道德界定》，《江苏大学学报》（社会科学版）2007年第4期。

万俊人：《现代道德仍需传统滋养》，《传承》2012年第3期。

汪丁丁：《知识，为信仰留余地》，《读书》2000年第2期。

王冬桦：《东西方道德教育比较研究》，《比较教育研究》1996年第

4期。

王嘉：《阿玛蒂亚·森论"理性的同情"》，《道德与文明》2014年第5期。

王建华、牛浩：《当代大学生道德情感现状及原因分析》，《科技信息》2007年第35期。

文福荣、肖少北：《青少年道德情感问卷编制》，《教育与教学研究》2010年第3期。

吴康宁：《教会选择：面对21世纪的我国学校道德教育的必由之路》，《华东师范大学学报》（教育科学版）1999年第3期。

谢惠媛、岳红：《深化道德教育引导的道德情感进路探析》，《北京航空航天大学学报》（社会科学版）2021年第5期。

徐启斌：《道德情感的功用》，《江海学刊》1997年第4期。

徐启斌：《论道德情感的基本特征》，《江西社会科学》1997年第2期。

杨叔子：《是"育人"非"制器"——再谈人文教育的基础地位》，《高等教育研究》2001年第2期。

杨述刚：《对理性与情感的"交互性"误解——学界道德基础纷争之根由》，《广西青年干部学院学报》2010年第1期．

宜云凤：《论个体道德意识的心理机制》，《苏州大学学报》（哲学社会科学版）2005年第2期。

俞树彪：《论道德教育的文化自觉》，《思想教育研究》2007年第2期。

喻丰等：《道德困境之困境——情与理的辩争》，《心理科学进展》2011年第11期。

袁晓琳、肖少北：《青少年网络道德与现实道德状况的调查研究》，《教育观察》2021年第10期。

张旭华：《Web2.0网络环境下情感教育的理论基础探析》，《农业网络信息》2013年第4期。

朱小蔓：《道德情感简论》，《道德与文明》1991年第1期。

朱小蔓、梅仲荪：《道德情感教育初论》，《思想·理论·教育》2001年第10期。

朱小蔓：《情感是人类精神生命中的主体力量》，《南京林业大学学报》（人文社会科学版）2001年第1期。

朱小蔓：《育德是教育的灵魂、动情是德育的关键》，《教育研究》2000年第4期。

［苏联］苏霍姆林斯基：《关于教育道德的一封信》，刘伦振译，《外国中小学教育》1989年第1期。

Bert Molewi & Dick Kleinlugtenbelt, eds., "The Role of Emotions in Moral Case Deliberation: Theory, Practice, and Methodology", *Bioethics*, Vol. 7, No. 25, 2011.

Bruce Maxwell & Roland Reichenbach, "Educating Moral Emotions: A Praxiological Analysis", *Studies in Philosophy & Education*, Vol. 2, No. 26, 2007.

Luciano Gasser & Tina Malti, eds., "Aggressive and Nonaggressive Children's Moral Judgments and Moral Emotion Attributions in Situations Involving Retaliation and Unprovoked Aggression", *Journal of Genetic Psychology*, Vol. 4, No. 173, 2012.

Maria Paula Chaparro, Hyunji Kim, Anai Fernandez & Tina Malti, "The Development of Children's Sympathy, Moral Emotion Attributions, and Moral Reasoning in Two Cultures", *European Journal of Developmental Psychology*, Vol. 4, No. 10, 2013.

Sophia F. & Tina, "The Role of Moral Emotions in the Development of Children's Sharing Behavior", *Developmental Psychology*, Vol. 4, No. 50, 2014.

Tangney, J. P. & J. Stuewig, eds., "Moral Emotions and Moral Behavior", *Annual Review of Psychology*, Vol. 1, No. 58, 2007.

Tina Malti & BrigitteLatzko, "Children's Moral Emotions and Moral Cognition: Towards an Integrative Perspective", *New Directions for Child*

& *Adolescent Development*, No. 129, 2010.

Ulas Kaplan & Caitlin E. Crockett, eds., "Moral Motivation of College Students Through Multiple Developmental Structures: Evidence of Intrapersonal Variability in a Complex Dynanmic System", *Motivation and Emotion*, No. 1, 2014.

学位论文类

刘鑫航:《当代中国社会道德情感培育研究》,硕士学位论文,辽宁师范大学,2013年。

沈嘉祺:《道德情感探究》,硕士学位论文,上海师范大学,2003年。

孙余余:《人的虚拟生存与思想政治教育创新研究》,博士学位论文,山东师范大学,2011年。

王弟丽:《论大学生道德情感的培养》,硕士学位论文,长春理工大学,2010年。

许子渝:《道德情感在高校德育中的应用研究》,硕士学位论文,西南师范大学,2002年。

张霞:《论大学生道德情感的培养》,硕士学位论文,浙江理工大学,2011年。

张娴:《初中思想品德课中情感教育研究》,硕士学位论文,苏州大学,2011年。

报刊类

辽宁日报编辑部:《大学老师,请不要这样讲中国》,《辽宁日报》2014年11月17日。

刘博智:《让思政课活起来火起来》,《中国教育报》2015年2月9日。

习近平:《担负起新的文化使命 努力建设中华民族现代文明》,《人民日报》2023年6月3日。

习近平：《做党和人民满意的好老师——同北京师范大学师生代表座谈时的讲话》，《人民日报》2014年9月10日。

谢三平、肖婷婷：《群居孤独症困扰大学生》，《中国青年报》2010年9月3日。

周程祎、莎·努斯鲍姆：《情感是道德哲学的核心》，《文汇报》2016年9月9日。

朱必法：《中国道德教育的三大困境》，《光明日报》2014年12月16日。

其他类

郝洪：《拿什么拯救漠视生命的心》，http：//theory.people.com.cn/n/2013/0417/c49166-21164895.html.